統一教会
何が問題なのか

文藝春秋編

JN003309

文春新書

1394

はじめに

二〇二二年七月八日に起きた安倍晋三元首相暗殺という衝撃の事件に端を発し、宗教と政治との関係が広範な論議を呼んでいる。一九八〇年代後半から九〇年代前半に霊感商法や、著名な芸能人やスポーツ選手なども参加した合同結婚式などで大きな社会問題となった統一教会と、政界との癒着が明るみに出たのである。さらに世界平和統一家庭連合と改称した教団が、脱会した信者や信者家族、宗教二世との間に起こしてきた深刻なトラブルも、あらためて問われることとなった。

本書は「文藝春秋」二〇二二年九月号、十月号で反響を呼んだ統一教会関連の特集記事を軸に、新書として編集したものである。

文藝春秋は一九九二年八月の合同結婚式の前後から、「週刊文春」を中心に、統一教会の実態を追及してきた。二〇一一年九月には、〈統一教会　日本から「4900億円送金リスト」〉を独占入手！〉と題した「週刊文春」の記事に抗議して、信者数十人が会社に連日押し寄せた。巨大な横断幕を掲げて、「あなた方は宗教を弾圧して、信仰の自由を奪う、最悪のサタンである」と叫ぶデモは、約二カ月、三十七回に及んだ。本書でも「統一教会、その違法性と反社会性」「献金極秘文書が明かす変わらぬ体質」などを執筆しているフリーライターの石井謙一郎氏は、「週刊文春」記者だった九〇年代から、統一教会問題を取材し続けている。

二〇〇九年には霊感商法に有罪判決が下されるなど、信者への巨額な献金強要、正体を隠した伝道などが社会の批判を浴びてきたが、近年、統一教会に関する報道は減り、教団に対する問題意識も薄らいでいた感は否めない。自民党の有力政治家の「何が問題かわからない」という発言は、それを象徴するものだといえよう。

しかし、統一教会による深刻な被害はいまも続いている。本書は、統一教会がいかなる教義と世界観を持ち、信者をどのように支配しているか、それが信者の家族をはじめ、社会にいかなる被害を与えているか、さらには宗教とカルトの境目はどこか、政治と宗教の関係の実態と問題点は何か、といった、多くの人々が抱く疑問に、第一線のジャーナリスト、論者が答えるものである。

文春新書編集部

統一教会　何が問題なのか◎目次

1　統一教会、その違法性と反社会性

石井謙一郎

霊感商法など違法な活動を指摘されてきた統一教会。だが教団側は、そうした問題は今は存在しない、と主張している。その実態はどうなのか？　元「週刊文春」記者で、長年、統一教会を取材してきた石井謙一郎氏が検証する。

「二〇〇九年のコンプライアンス宣言以降、霊感商法は一件もない。過度な献金も、正体を隠した伝道もしていない」

　統一教会（現・世界平和統一家庭連合）の教会改革推進本部長に就任した勅使河原秀行氏は、二〇二二年九月二十二日の会見でそう主張した。

「では一体、統一教会の何が悪いのか？」という声を依然として聞く。「政治家はなぜ統一教会を支援してはいけないのか」という疑問も多い。そこで判例を基に、統一教会の違法性と反社会性を再確認する。

　全国霊感商法対策弁護士連絡会（全国弁連）の事務局長を務める川井康雄弁護士が言う。

「統一教会は、宗教団体として中核の行為である三点について、すべて違法だとする判決が確定しています。すなわち伝道と教化の方法、献金と物品購入の強制、合同結婚式への勧誘です」

違法①正体を隠した伝道

統一教会の伝道方法が、憲法の保障する信教の自由を侵害していると追及する「青春を返せ訴訟」で、画期的な判決が三度出ている。いずれも札幌地裁で、全国弁連の代表世話人の一人である郷路征記弁護士が担当した事件だ。

二〇〇一年六月二十九日の判決は、元信者二十人が原告。違法性が認定された決定的なポイントは、正体を隠した伝道方法だった。

統一教会は名乗らずに勧誘し、相手の悩みや弱みを把握してから、手相や因縁話を使って不安や恐怖を煽る。そうやって判断能力を働かなくさせた上で、「原罪から救われるには、再臨のメシア＝文鮮明《ムンソンミョン》を信じることだ」と初めて明かす。

「この判決は、信仰というものは、信じさせられてしまうと後戻りが極めて困難であり、その選択が人生に決定的な影響を及ぼすことを考えれば、正体を隠した勧誘は信仰の自由への重大な脅威だと認定しました」（郷路弁護士）

統一教会の実態について、判決はこう書いている。

〈一連の活動の過程においては法規に触れることも厭わないものとされ、その目標の成就すなわち集金活動の成功こそが信仰のあかしとさえ受けとられる（略）外形的客観的に見る限り、経済的利得のために、宗教教義の名を冠して、労働法規を始めとする強行法規を潜脱しようとしていたものといわざるを得ない〉

　郷路弁護士は言う。

「統一教会の勧誘行為について、〈原告らの財産の収奪と無償の労役の享受及び原告らと同種の被害者となるべき協《ママ》会員の再生産という不当な目的〉だと断じました。この認定は、続く二つの事件でも基本的に維持されています」

　二〇一二年三月二十九日の判決は、元信者四十人と、物品を買わされた近親者二十三人が原告だった。

「この判決には、私の主張よりも踏み込んだ認定がありました。その一つは〈人は、言葉による論理的な説明を理解して信仰を得るのではない〉という部分です。教義はメシアを信仰させるための前提知識であり、神や再臨のメシアなどの超自然的なものの存在を実感させられるのは、情緒を大きく動かされることによる、という意味です」（同前）

　信者が教義の間違いを指摘されても脱会できない理由が、ここにある。

「二つめは、勧誘の時点で信仰生活の実態を知らせなければならないとした部分です。入信すれば、詐欺的な伝道や霊感商法に従事させられ、自己破産に至るまで献金を迫られ、意に染まない相手と結婚させられます。そのことを、メシアを実感させる前に、あらかじめ伝えなければならない。メシアを実感させられた後では、引き返すことが不可能にされてしまうからです。したがって事前に説明がなければ、自分の意志で隷従を選択したとはいえないと指摘したのです」（同前）

判決はこう〝断罪〟する。

「信教の自由を侵害」と認定

〈宗教性を秘匿して人に信仰を植え付ける行為は、自由な選択に基づかない隷属を招くおそれが強い。特に、統一協会《ママ》の場合、入信後の宗教的活動が極めて特異で収奪的なものであるから、宗教性の秘匿は許容し難いといわざるをえない〉

五百六十七ページに及んだ判決文は、信者の胸の内にも踏み込んでいる。次のくだりは、安倍元総理暗殺事件の山上徹也容疑者の母の心情を窺わせる。

〈原告らは、献金や物品購入による金銭拠出の不足が信仰の怠りにつながり、救済（先祖、自分自身及び現世の家族の罪の清算）の否定につながるとする教化活動を継続的に受けていたことが明らかである。原告らは、救済の否定という不安や恐怖に煽られ、献金や物品購入の目標額に不足が生じないよう、自分自身の貴重な蓄えを取り崩したり、嘘をついて家族の蓄えを取り崩させたり、嘘をついて他人に物品販売をしたり、高利金融業者から金を借りるなどしているのである〉

二〇一四年三月二十四日の判決は、元信者、近親者四十人が原告。「憲法が保障する信教の自由を侵害した」と明確に言い切る判決は、これが初だった。

郷路弁護士が説明する。

「統一教会の伝道・教化過程は、その目的、手段、結果とも、社会的相当性を著しく逸脱していて、勧誘する相手に対する違法行為であると認定されました。

文鮮明が再臨のメシアであると確信させられた結果、教義である「統一原理」が真理となり、その人の判断基準となる。自身が形成してきたアイデンティティーとは別の人格を植え付けられてしまうのです。霊感商法などの経済活動や違法伝道に従事したり、進んで過度な献金をしたり、合同結婚式に参加したりするのは、その結果です」

勧誘する際に騙していることがすべての違法性の元凶だ。信教の自由の一部である「信じない自由」が、統一教会には存在しない。

違法②組織的な献金強要

信者となった妻が、通帳・印鑑・カードを託されていた夫のお金を、内緒で献金し続けていた。夫が気付いたとき、一億円近い預金はほぼゼロになっていたが、妻は「正しいことをした」と主張するばかり。

夫は、十四年間で百四十八回にわたって献金が行なわれたと分析。調停によって離婚したのち、約一億円の損害賠償を求めて統一教会を提訴した。東京地裁は二〇一六年一月十三日、夫の言い分を大筋で認め、約三千四百二十八万円の支払いを命じた。担当したのは全国弁連の代表世話人を務める山口広弁護士たちだ。

山口弁護士が語る。

「脱会した本人ではなく、家族からの返還請求を認めた判決は初めてです。妻に財産を把握させた上で献金させる手口は広く使われていますから、統一教会の組織的行為であると認定された意義は大きい。『一部信者の行き過ぎた献金勧誘による使用者責任が認められただけで、統一教会に責任はない』という従来の言い逃れは、通用しなくなった」

判決は述べている。

「被告においては、組織的活動として、信者の財産状態を把握した上で、壮婦（統一教会の用語で、主婦や既婚女性を指す）に対しては、献金によって夫を救い、夫の家系を救うという使命のために、夫の財産を夫の意思に反して内緒で献金するなどの名目で交付させており、これを受けて専業主婦である元妻が行った献金等について、その原資が原告の財産であり、原告の意思に反して出捐《しゅつえん》されたことを認識していたと認められる」

「高裁判決はさらに踏み込んで、元妻による多額の献金が婚姻を破綻させた有力な原因だと指摘して、統一教会が指示した責任を認めました。一審の賠償を増額した上で慰謝料百万円の支払いも命じた点は、画期的です」（同前）

違法③合同結婚式への勧誘

信者が脱会したのちに婚姻無効の確認を求める訴訟は、婚姻相手に対して行なわれるのが普通だが、二〇〇二年八月二十一日に東京地裁で判決が出た「青春を返せ訴訟」では、統一教会が参加を強要したことの責任を質した。

元信者三人の代理人は、やはり山口広弁護士たちが務めた。山口弁護士が言う。

「判決は、文鮮明が信者に向けた『旦那さんが目玉がなくても、鼻がなくてもそれが問題ではない』『嫌がって受けなければ、霊界に行って問題になります』などの発言を採用。信者が〈自己の意思で断ることが困難な精神状態に置かれていた〉ため、無理やり参加させられたものと認定しました」

すべての被害者に謝罪と賠償を

判決文には、こうある。

〈信者が文鮮明の選んだ相対者を断った場合、次の祝福を受ける機会が保障されていたものとは認めることはできず、信者としては自己や先祖の救いの道が永久に閉ざされることになると考えざるを得ない〉

〈合同結婚式が、アダムとエバから受け継いだ原罪から解放される唯一の方法であり、合同結婚式に参加しなければ自己や先祖の救いがない旨教えられ、信じさせられていた〉

そして〈原告らの婚姻の自由を侵害する違法がある〉という結論が導かれた。

統一教会は最近三度の会見で、こうした違法行為は止めたと主張した。しかし川井弁護士は「二つのウソがある」と指摘する。

「第一に、違法行為は続いています。伝道の際に名乗っていると主張しますが、訊かれなければ答えないケースも多く、名乗るとしても名称変更のせいで社会に統一教会と知られていない『家庭連合』を名乗るだけ。判決で指摘された、入信後の活動を事前に明らかにすることは全くありません。

霊感商法は摘発と法改正でやりにくくなったため、既存信者からの献金への比重を大きくしたと思われます。それでも全国弁連には昨年、印鑑で九件、壺で五件の相談がありました。〇九年以降の被害も含まれています。

献金強要のやり方も変わっていません。相変わらずノルマを課して集めつつ、『後から返金を求めない』という合意書を作成するなどして、被害の声を挙げにくくしているのが実情です。

第二に、反省して今後はやりませんと言うなら、すべての被害者に謝罪した上で賠償をすべきです。税制優遇を受けている宗教法人が、信者の献金額について『記録がないからわかりません』と開き直るなど、真摯な反省がない証拠です」

コンプライアンス宣言で悔い改めたというなら、それ以前に集めたお金をすべて返すのが出発点のはずだ。

統一原理の中に「万物復帰」という教えがある。信者は「地上にある財物は、神様に返さなければならない」と教えられ、献金や物品購入が果たせなければ、地獄にいる先祖は苦しみ、自分や家族、子孫も地獄に落ちると信じ込まされている。つまり「教義を変えます。来年五月までの百八十三万円の献金ノルマも撤廃します」と内外に宣言しない限り、どんな改革も口先に過ぎず、信者が救われる道はないのだ。

　山口弁護士は言う。

「宗教法人の解散請求は、ぜひなされるべきだと思います。『解散を命じられた宗教団体』というレッテルを貼られれば、少なくとも政治家は付き合いにくくなるでしょうから」

　政治家が統一教会と付き合ってはいけない理由は、いまも変わらない違法性と反社会性に与《くみ》し、教会を利するだけだからだ。

　郷路弁護士も警告する。

「統一教会の教義は変わっていませんし、その絶対主義的な内部の体制も体質も変わっていません。社会にも被害者にも謝罪をしていません。社会の批判をかわすために、手直しをしているだけです。ですから、これからも不断に注目し、批判することが大切です」

（『週刊文春』二〇二二年十月六日号／原題「『統一教会』何が問題なのか」）

2　山上容疑者はなぜ安倍元首相を狙ったのか

森　健＋『文藝春秋』取材班

安倍元首相の悲劇は、政治と宗教の問題にあらためて光をあてることとなった。祖父である岸信介以来の自民党と勝共連合のつながり、宗教二世としての狙撃犯の背景、教団からの政治家への接近――大宅賞受賞のジャーナリストが多角的に描き出す。

救急車、救急車！　お医者様、看護師の方お助けください！　お医者様いらっしゃいませんかー！

振り絞るような声が飛び交うなか、時間だけが過ぎていく。

奈良市の大和西大寺駅北口。二〇二二年七月八日午前十一時三十分すぎに響いた二発の銃声は元首相の命を急速に奪いつつあった。

自民党奈良県連幹事長の荻田義雄は、元首相の右後方一・五メートルのところに立っていた。ボーン！という大きな音がして振り返ると、男がいた。男が手にしているのは報道の望遠カメラのように見えた。

「警備が取り押さえないのかなと思っていたら、安倍さんが後ろを向いた。そこで二発目のボーン！という音がして煙があたりを包んだ。慌てて安倍さんを見た。血は飛び散っていなかった。でも、喉のところに小さな穴が空いていた」

元首相は表情を変えぬまま、台から自分で片足を下ろそうとした。だが、そこで膝から崩れ堕ちた。

　同じ場所にいた党青年局の櫻井大輔は、破裂音に驚いたと振り返る。

「最初は、マイクが暑さか何かで破裂したんかなと。煙も出ていた。そしたら風圧を感じた。続けて二発目。何がどうなっているんやろうと思って前を見たら、安倍さんがよろけておられるところでした……」

　駆けつけた看護師が服をめくり、ＡＥＤを素早く装着した。だが「ＡＥＤ必要ありません」と自動音声が流れた。看護師は「足を上に上げて」とその場の人に頼むと、すぐに心臓マッサージに切り替えた。周囲では「安倍さん頑張って！」という声が響いていた。櫻井が言う。

「倒れた安倍さんを最初見たとき、何か喋ろうとされているように見えた。そこでふっと意識が消えたような……目は半分開いたまま意識が飛んでしまったようでした」

　安倍は約一時間後には、現場から南に二十五キロほど離れた奈良県立医科大学附属病院まで運ばれたが、意識は戻らなかった。

ビデオ出演の大きな代償

憲政史上、歴代最長の在職期間を誇る元総理大臣安倍晋三が死去した。白昼、それも公衆の面前での銃撃。前代未聞の事態に誰もが言葉を失った。凶器は自作の散弾銃。放ったのは奈良市に住む四十一歳の無職山上徹也だった。

二十年以上、統一教会に恨みを募らせてきた山上は、狙う相手を教会幹部から安倍に変えたと語った。そのきっかけは、安倍が出演したビデオ映像だった。

二〇二一年九月十二日、韓国ソウルに近い清平《チョンピョン》で行われた旧統一教会の関連団体ＵＰＦ（天宙平和連合）等が主催のオンライン年次大会「ＴＨＩＮＫ　ＴＡＮＫ　２０２２　希望前進大会」。この大会で、安倍はビデオメッセージを通じて、世界の会員に向ってこう語りかけていた。

〈今日に至るまでＵＰＦと共に世界各地の紛争の解決、とりわけ朝鮮半島の平和的統一に向けて努力されてきた韓鶴子《ハンハクジャ》総裁をはじめ、皆様に敬意を表します〉

「新統一韓国」は教祖文鮮明以来、旧統一教会が掲げる悲願だった。

〈ＵＰＦの平和ビジョンにおいて家庭の価値を強調する点を高く評価いたします〉

家庭を壊され、苦しめられてきた山上は、このビデオを見て「殺すしかないと思った」

と供述している。

安倍は山上の思い込みで事件に巻き込まれたという見方がある。だが、本当に山上の思い込みに過ぎなかったのか。

①勝共連合会長が語った安倍家三代と統一教会

その日、渋谷は小ぶりの雨だった。東急百貨店本店にほど近い世界平和統一家庭連合（旧統一教会）の渋谷家庭教会には、コロナ禍のなか朝から会員が集まってきていた。

朝十時から二階で行われる日曜礼拝。二〇二一年十月十七日の講師は、旧統一教会の政治団体「国際勝共連合」会長であり、UPF議長でもある梶栗《かじくり》正義だった。梶栗はほどよく場を和ませたあと本題に入った。一カ月ほど前に行われた安倍のビデオ出演の裏話だ。

翌二〇二二年は文鮮明が死去して十周年にあたっていた。その日を迎える前に大きなイベントを開き、各国要人を招いて会員獲得につなげるというのが、総裁韓鶴子（文鮮明の三番目の妻）、そして世界本部長尹鍈鎬《ユンヨンホ》の指示だったという。

「韓国国内に百万人の基盤を作らなくちゃいけない。（略）ここで本当に、うわ、こんな人が出てきた、これはさすがに韓国国民もインパクトを受ける、というような大きなサプライズが第七回希望前進大会で実現しなくちゃいけないって話なんです。（略）これね、世界本部がもう泡を飛ばしながら私たちに意味を語ってくるわけです。何度も電話会議が持たれました。私もＵＰＦの議長の立場にいると本当にストレスフルなんですよ」

つまり日本のＵＰＦトップを務める梶栗の立場としては、日本のＶＩＰの出演を取り付けなくてはならなかったと言いたいのだろう。

当初、梶栗は安倍以外の三人の首相経験者にアプローチしていた。

「そのうちお一人は玄関先まで行っている。これは、あのメタファーです。実際にその人の家の玄関まで行ったんじゃなくて、本当にＯＫギリギリまで行ったんです。（略、その元首相の）事務所から何を言われたかという。結局、あなたたち団体は、私どもの○○先生を団体の宣伝材料に使いたいだけでしょ。布教のために利用したいだけでしょと。（略）ＵＰＦと言ったって、そんなのは家庭連合のフロント組織でしょと。（略）

で、あるわが教団幹部にこんなこと言われたんだと言ったら、いや実際、その通りだしなとこう言うんですよ。（略）ええーっ。内部がそう思っているんです。内部は宣伝したいだけで、外部はそこに自分を利用されたくない。私はその間に立たされてね、どうしないといけないんですか。（略）これ、かなり私、きわどい話をしていますけど大丈夫ですか、みなさんは」

結局、三人の首相経験者は辞退。だが、梶栗は二〇二一年春に安倍に対してひとつの手を打っていた。

「私はご本人（安倍）に『先生、世界でペンス前副大統領やポンペオ前国務長官、あるいはトランプさんが講演するとなったら、やっていただけないか』と。『ああ、それなら自分も出なくちゃいけない』。……という話をこの春にしていたんです」

この直後、梶栗は韓鶴子に手紙を書き、安倍とのあいだで「トランプ出演」が前提条件になっていると報告していた。

八月五日、世界本部長の尹は電話会議のあと、米国で前大統領トランプのビデオメッセージが決まったと梶栗に伝える。そして安倍の出演説得を指示した。梶栗は再度説得に動き、安倍事務所から「やりましょう」と返事がきたのは八月二十四日、ビデオ撮影は大会の五日ほど前の九月七日頃だったという。

得意満面の梶栗は、この説得成功の陰に「霊界の後押し」もあったとして幻覚体験まで語りだした。

「この信頼関係が一体どういう風にできたのかと。一朝一夕の話じゃないんですよ。（略、撮影が）終わりまして、玄関からお送りするときに、私は深々と頭を下げました。本当にありがとうございましたと。

ところがね、私の横に梶栗玄太郎と久保木修己（玄太郎は正義の父、二人とも統一教会会長、国際勝共連合会長を務めた故人＝編集部注）とが一緒に頭を下げているんです。あ、いつの間にいたんだという感じで。そしたら、先方も深々と頭を下げているんです。その横に岸（信介）先生と安倍晋太郎先生がね、深々と頭を下げているんです。もう私は鳥肌もんだったんです。過去、現在、未来という時制が編み上げられた形で、奇跡的な瞬間は実現しました」

梶栗は安倍と会食した際、いくつかアルバムを持参したというエピソードを続けた。

「アボニム（文鮮明）と岸先生」「安倍晋太郎先生と梶栗玄太郎」「安倍晋三と自分」のツーショット写真を安倍に見せて、「これは三代のお付き合い、三代の因縁である」と言ったところ、安倍はそのアルバムを持ち帰ったという。

そのうえで梶栗は、自分たちの選挙協力が安倍説得にあたって功を奏したことに触れた。

「この八年弱の政権下にあって、六度の国政選挙において私たちが示した誠意というのも、ちゃんと本人（安倍）が記憶していた。まぁ、こういう背景がございました。（略）私もね、歩いてて、今地面を歩いてんだか、霊界を歩いてんだか、よくわからない。何度もほっぺたつねるんですよ」

岸先生は右派の学生が好き

梶栗が語ったように、統一教会の歴史は岸家、安倍家を抜きにしては語れない。初代会長の久保木は著書『愛天 愛国 愛人』でこう書いている。

〈岸先生との出会いも、笹川（良一）先生と同じで開拓伝道がきっかけでした。六〇年代の中ごろ、太田郁恵（旧姓福井）さんが山口県に開拓伝道に行った時、「踊る宗教」の教祖に会ったのです。この教祖は、二十年以上も前から岸先生のことを「岸は必ず総理大臣になる」と予言していました。そうしたら本当になってしまいました。そのころ、統一教会の本部は渋谷区南平台にあって、実は岸先生のお宅の隣でした〉

正式名称、世界基督教統一神霊協会が生まれたのは一九五四年。朝鮮戦争休戦協定が結ばれた翌年、文鮮明が伝道を開始した宗教だ。日本への宣教は一九五八年に密入国した崔奉春（日本名・西川勝）によって始められた。その伝道で最初期に仲間とともに入信したのが久保木だった。

	安倍晋三	山上徹也
1964年11月	祖父岸信介の隣宅に統一教会本部が移転	
1973年4月	岸が統一教会本部で講演	
1984年12月		父自殺。その後、母が統一教会に関わりを持つ（4歳）
	1980年代後半から90年代前半、霊感商法や合同結婚式が社会問題に	
1993年7月	衆議院議員に初当選（38歳）	
1996年4月		奈良県立郡山高校に進学
1998年3月		野球部が甲子園大会に出場。応援団として参加
1998年8月		母方の祖父が死去。まもなく母は相続した不動産を売却し、統一教会に献金（徹也17歳）
1999年3月		高校卒業。大学を断念して消防士の専門学校へ
2000年7月	官房副長官に就任（45歳）	
2002年8月		任期制自衛官として海上自衛隊に入隊（～05年8月）
2002年12月		母、自己破産
2005年2月		自衛官専用の下宿で自殺未遂（24歳）
2005年10月	UPFの創設記念広島大会に祝電を送る 官房長官に就任（51歳）	
2006年9月	首相に就任（52歳、翌年9月辞任）	
2009年6月	警視庁が統一教会関連施設などを捜索、新世社長を逮捕。翌月、統一教会会長が引責辞任	
2009年12月		母が祖父から相続した建設会社が解散。 この年、母は教会の活動を離脱（徹也29歳）
2010年2月	世界戦略総合研究所集会で講演	
2012年4月	世界総研関係者と高尾山へ。昭恵夫人も同行	
2012年9月	教祖文鮮明が死去。妻の韓鶴子が後継者に	
2012年12月	2度目の首相に就任（58歳）	
2013年7月	北村経夫が統一教会の支援を受け、参院議員に初当選	
2015年8月	統一教会の名称変更（世界平和統一家庭連合）を文化庁が認証	
2015年11月		兄、自殺（徹也35歳）
2019年10月	山上が来日中の韓鶴子の襲撃を計画	
2020年9月	首相を辞任（65歳）	
2020年10月		京都府内の工場で働き始める（40歳、～22年5月）
2021年6月	日本・世界平和議員連合懇談会の第1回総会が衆議院議員会館で開催	
2021年9月	UPF等が主催した集会にビデオメッセージ	
2021年11月	安倍派会長に就任（67歳）	
2022年6月	井上義行（元首相秘書官）が参議院選挙に出馬。旧統一教会の支援を受ける	
2022年7月	山上が安倍を銃撃して殺害	

7月8日暗殺事件までの流れ

久保木は一九六四年に統一教会が宗教法人として認証されると日本の初代会長に就任する。統一教会は当初は町中での伝道の合間に廃品回収などをする若者の集団だったが、一九六四年十一月、首相を退任して四年ほど経っていた岸の隣宅に本部を移転してきた。

〈南平台に移る前の統一教会は、どちらかと言うと近所の人からうさん臭く思われがちでしたが、そこに移ってからは様相が逆転しました。町内から愛される統一教会に変わっていたのです。そういうことも岸先生との関係を強くする要因であったと思います〉（前掲書）

当時、岸にも統一教会にも、互いに近寄るべき事情があった。

一九六四年、統一教会は宣教の対象を若者に絞り込み、全国大学連合原理研究会（原研、原理研）を設立。文鮮明の教説「原理解説（後に原理講論）」を使って、大学生を積極的に取り込んでいく活動を本格化させていた。この若者たちは、岸を厳しく批判する、当時主流の左派学生とは対極にあった。

現在南平台町会長の岩井田正博は、当時学生のデモ隊がよく岸邸に回って来ていたと振り返る。

「デモ隊は岸邸を過ぎて、また戻ってくるのを繰り返していた。南平台の道路は踏み荒らされ洗濯板みたいにデコボコに波打っていましたよ」

一方、統一教会の若者は従順だった。それに岸は好感をもった。この当時、南平台の本部に通っていた古参の旧統一教会幹部が振り返る。

「当時あそこは研修所でした。合宿していたら、『おい、騒がしいね』と岸先生が訪ねてこられた。こちらが活動について熱く語ったところ、えらい感動してくれて『それなら頑張れ』と声をかけてくれた。岸先生は右派の学生が好きでね。安保闘争の裏話などしてくれました」

この時点ではご近所のつきあい程度だった岸だが、その後、盟友の笹川良一との縁から統一教会との関係が深まっていく。

岸も福田も文鮮明を歓迎

一九六七年六月、山梨県の本栖湖畔で日韓両国の「反共首脳会談」が開かれた。日本側からは笹川や児玉誉士夫の代理人、韓国側からは文鮮明らが集まり、反共団体をつくることで合意。この合意に基づき、翌六八年、笹川を名誉会長、統一教会の久保木を会長として政治団体・国際勝共連合が発足する。

　久保木は、笹川がその数年前に起きたテロを称賛し、勝共連合への熱い思いを語っていたと記している。

〈先生は並外れた憂国の士でした。容共的に傾く世情に大変な危機感を持っていました。私が会いに行く時や何かの会合に参加する時、必ずといっていいほど、山口二矢《おとや》の話をします。六〇年に社会党の浅沼委員長を刺した男です。（略）笹川先生はこの山口二矢のお骨を持ち出し、この男のようになれと言い出すのです。「日本にはこういう男がいなくなったと思っていたが、君たちがいたなぁ」と言って我々を激励してくれたりもしました〉（前掲書）

　反共意識の強かった岸は、一九七〇年に勝共連合＝統一教会の本部に出向き、若者たちを激励。一九七三年四月にも教会本部で講演した。この時の講演で岸はこう語っている。

〈統一教会と私の奇しき因縁は、南平台で隣り合わせて住んでおりました若い青年達、正体はよくわからないけれども日曜日毎に礼拝をされて、讃美歌の声が聞こえてくる。今考えれば久保木会長なのですが、非常に大きな声でお説教されていたことに私も大変に興味をもってみていたのであります。

　そうしたら、私の友人である笹川良一君、戦争中の罪を問われまして、戦犯として巣鴨の監獄で三年余の起居を共にした、いわゆる獄友で、人生のうちでも極めて思い出のふかいお友達の一人で、非常に懇意の間柄であります。

その笹川君が統一教会に共鳴して、この運動の強化を念願して、私に、君の隣りにこういう者がきているんだけれども、あれは私が陰ながら発展を期待している純真な青年の諸君で、将来、日本のこの混乱の中に、それを救うべき大きな使命をもっている青年だと私は期待している。（略）そういう話を聞き、お隣りでもありましたので、翌日の礼拝の後に参りまして、お話ししたことがありました。（略）私は、勝共連合がただ単に人間個人としての悩みを解決し、個人としての生き方なり、世に処する道を宗教的に解決するということだけでなくして、あるいは本当の個人のそういうものを解決するためには、当然のことだろうと思います」（統一教会の月刊誌「成約の鐘」一九七三年三〜四月合併号）

写真1　岸信介と文鮮明（左）

この年の十一月、文鮮明が来日すると岸は文と会談。このときの写真はその後、統一教会がさまざまな場面で利用することになった（写真1）。

翌一九七四年には再来日した文鮮明を囲む晩餐会を、岸が名誉実行委員長として帝国ホテルで開催した。この晩餐会には、岸の娘婿である安倍晋太郎も出席。岸の信頼する大蔵大臣の福田赳夫は「アジアに偉大な指導者現る。その名は文鮮明ということだ」と持ち上げてみせた。

催事での登壇、あるいは統一教会系媒体（思想新聞、世界日報）への名刺広告などを通じ、政治家と勝共連合、統一教会のつながりが強くなっていったのが一九七〇年代だった。

一方、この時代、統一教会では上層部の政治路線とは別に、末端の信者の獲得で問題が生じていた。信者を集団生活させたり、強制的に結婚させたりする人権侵害、高額商品の購入を強要する霊感商法だ。

②山上家の悲劇

「単なる家庭問題と思っていた一件が、宗教の自由を楯にとった悪辣なる邪教であることに気付き、更に又、宗教問題でなく、政治的謀略の手先である宗教という実体を知るに及んで子供達はその犠牲にさせられているのだということを知ったのであります」

　社会党の衆議院議員西宮弘が法務委員会でそう発言したのは、一九七七年四月。西宮は救済や規制を求める手紙が多数届いているとし、事例を縷々《るる》読み上げた。岸が晩餐会を開いた三年後には、早くも国会で取り上げられるほどに統一教会の問題は全国至るところで頻発していた。

「親泣かせの原理運動」として新聞も報じ始めていた。当時、日弁連に提出された実態調査でも行方不明三十二、死亡三、家出九十、職場放棄七十四、異常心理四十九……などと報告されている。

　一九八〇年代になると、献金の手法が高価なグッズ販売へと変化する。いわゆる霊感商法だ。統一教会に詳しい北海道大学大学院教授の櫻井義秀は、ある人物の存在が大きく影響したと指摘する。

「その頃ハッピーワールドという会社の社長らが統一教会で台頭します。この社長は家業の衣料品店でセールスしていた人で、金儲けがうまかった。この人が韓国からいろんな物品を輸入し、個人で売っていく販社組織、マルチ商法のような仕組みをつくった。この社長が稼ぎ出した巨額の金に文鮮明は喜んだのです」

一九八二年四月の衆院法務委員会。共産党の安藤巌は、「悪運を払うなどと言って、高価なつぼを売りつける怪しげな商法が横行している」と指摘。石川県でデパート店員女性に十万五千円の印鑑、鳥取県で二十万円の大理石のつぼといった販売例から、東京・杉並区では総額四千二百万円も引き出されたと具体的な被害例をいくつも示したうえで、警察が対処すべきだと述べている。

これに対して法相の坂田道太は「法に照らしまして厳正公正に対処をいたしたいと思います」と答弁。だが、捜査や規制など行政での対応が行われることはなかった。そうして問題が放置されていく中で、奈良市で暮らす、ある家族がこの宗教に深くはまり込んでいくことになる。

*

遠く近くに鳥が鳴き、道端からは虫の声。車一台がようやく通れるほど狭い路地。その両側に新旧の住宅が密集する。

山上徹也が少年期を過ごした奈良市の実家周辺は、周囲に田畑や林が点在する古い住宅街だ。中学時代の同級生は、山上は古く大きな家に住む、物静かな子だったと振り返る。

「あまり友だちも多くなく、小さい妹さんの世話をよくしていた覚えがある。中学時代はバスケットボール部だったので、家の前でよくドリブルの練習をしていた」

　山上は一九八〇年、年子の兄がいる次男として生まれた。目立つタイプではなかったが、勉強ができるという点で記憶に残る子だった。

　山上家は高学歴の家庭だ。父は京都大学工学部卒、母は大阪市立大学生活科学部の出身。父の兄は弁護士で母の妹は医師。父は結婚を機に、妻の父が創業したトンネル掘削を得意とする建設会社に勤務していた。平穏に成長して行けば、山上も進学コースを歩むはずだったろう。

　だが現実にはいくつもの不運が重なった。山上家を襲った最初の悲劇は父の自殺だ。山上は四歳だった。

　父の兄である弁護士の伯父は、山上の父についてこう語る。

「弟が死ぬ直前の一、二年はトンネルを掘るためにずっと山の中で生活するハードな日々でした。裏金の飛び交うゼネコン業界は研究者気質のあいつには耐え難かった。過労で鬱とアルコール依存症の混ざった状況でね。なくなる数カ月前、様子を見に行ったら、完全に寝たきりでした」

　東大阪のビルの屋上から身を投げたのは一九八四年十二月。伯父は山上の母親とともに警察の事情聴取を受けたが、その際、彼女のお腹が大きくなっていたことをよく覚えている。当時の母親を知る人物が言う。

「彼女は『お腹の子も一緒に一家心中まで考えていた』と話していた。藁にもすがる思いやったんでしょう。そんな彼女に声をかけたのが、統一教会だったんです」

年が明け、徹也の妹が生まれた。伯父は一九八五年四月から、父がいなくなった山上家に対し毎月五万円、生活費を支援したという。だが、山上家の生活は苦しかった。徹也の母は、夫の死の数年後に統一教会への献金を始めていたからだ。

一九九一年に入会すると多額の献金を始めた。伯父が言う。

「入会とほぼ同時に二千万円、その後すぐに三千万円。さらに三年後くらいに現金で一千万円。合計で六千万円。これらの原資は弟（徹也の父）の保険金、命の代償ですよね」

徹也の母と同じ奈良教会に所属していた六十代男性はこう話す。

「当時奈良県には二百五十人ほどの信者がいましたが、彼女の献金額はトップクラスでした。一千万円くらい献金すると女性信者が褒めそやすんです。『あの方は素晴らしい』『あの方は三千万円よ』。それで自分も頑張ろうとなるわけです」

各地域の教会には献金を集める専属の人がいたと男性が続ける。

「『親衛隊』と言って女性が担当していました。献金は表向き強制ではなく本人の意思。でも、どれくらいの資産をもっているかは全部書き出させる。家族は何人、家は持ち家か、銀行預金はいくらか。その上で弱みにつけ込む。彼女の場合、それは長男のAちゃんでした」

妹が生まれてまだ一歳にもならない頃、山上の兄に小児がんが見つかった。開頭手術をした後、抗がん剤治療をした。その副作用で右目を失明する。一九八六年のことだ。

伯父によれば、建設会社を営む家族の精神的支柱だった実母の死も追い打ちをかけたという。

テツは消防士を目指した

徹也の母は、先祖の霊を慰めるという「先祖解怨《かいおん》式」にも繰り返し参加。参加料は一回七十万円。四回ほど通っていた形跡がある。また、韓国・清平の本部に長男を連れて訪れ、教義の講義や祈禱を受ける四十日間修練にも参加した。

呆れた伯父は生活費の打ち切りを通告。生活は一層厳しくなった。

前出の六十代男性によれば、一九八〇年代の定期的な献金は「十分の一献金」として収入の十分の一を求められる程度だった。だが一九九〇年代後半には、要求額が「十分の三」まで増えた。

その頃の気持ちを山上は後にツイッターで吐露している。

〈オレが14歳の時、家族は破綻を迎えた。統一教会の本分は、家族に家族から窃盗・横領・特殊詐欺で巻き上げさせたアガリを全て上納させることだ。70を超えてバブル崩壊に苦しむ祖父は母に怒り狂った、いや絶望したと言う方が正しい〉（二〇二〇年一月二十六日、以下日付のある引用はツイッター）

だが、中学時代の友人は山上家にそんな厳しい事情があるとは思っていなかった。

「居間に入るとお札がいくつか貼ってあって、その他の部屋は絶対入っちゃだめと言われていた。ただ、ファミコンなどおもちゃは多く持っていて、羨ましかった。身長が低くてあだ名は『コテツ』でした」

その友人が徹也の兄や徹也と一緒に遊んでいたのがエアガンだった。山上家の裏に広い墓苑があり、そこで墓石を盾にしてＢＢ弾で撃ち合う。エアガンを買っていたのは大和西大寺駅北口にあった店だという。

「まさに今回の事件現場となったロータリーの正面に当時模型店があり、そこで徹也君の兄も僕もエアガンを買っていた。徹也君も数丁持っていて、みんなそれぞれ自分で改造していた。徹也君があの場所で銃を手にするのは初めてではないのです」

中学を卒業すると、山上は奈良県屈指の名門校県立郡山高校に入学した。応援団に入り、途中から「団長」というあだ名で呼ばれるようになった。同級生が言う。

「上級生の演舞を見て、それに惹かれて応援団に入ったそうです。当時郡高《ぐんこう》は春の選抜甲子園に二回出るほどの強豪校。普段おとなしいけど、応援団のときは男らしいしっかりしたイメージもあったと思います」

そんな「団長」らしい姿は卒業アルバムに残されている。だが、生徒の大半が有名大学に進学していくなか、山上は断念せざるをえなかった。

高一の八月、母親は建設会社を経営する祖父の土地を勝手に売却。祖父はその怒りゆえか心臓発作を起こして二年後に死去した。

徹也の母は建設会社の代表を引き継ぐとまもなく、会社保有の不動産や自身が相続した不動産などを一気に売却しはじめた。

伯父がため息まじりに言う。

「自宅の売却で二千万円、建設会社の事務所の売却で二千万円。ほかにも弟がもっていたゴルフ会員権などもすべて売り払った。ぜんぶ合わせたら一億円以上、統一教会に献金してしまったわけです」

それは山上が高校を卒業する一九九九年三月のことだった。

「テツ（徹也）は父親の頭の良さを一番継いどる。だけど、お金がなくて大学には進めなかった。仕方ないから私のおふくろを通してテツや妹らにお金を渡してもらった。テツは消防士を目指して予備校に通ったが、近視で試験に通らなかった」（同前）

思うようにならない人生が続くなか、その元凶である統一教会に対して恨みを抱くようになっていく。

〈我が家から全財産を奪い、母に家族を騙してそれを秘匿するよう諭した韓国人は「韓国語が英語に取って代わり世界の共通語になる」と豪語した。愛と平和と「家族の大切さ（笑うしかない）」を訴えるという奴がだ。そんなものだ〉（二〇一九年十二月二十八日）

転身を図ったのは二〇〇二年。山上は祖母のすすめもあって任期制自衛官（契約を更新しながら勤務を続ける）をめざし、海上自衛隊佐世保教育隊に入隊する。四カ月の訓練を経て、広島の呉海上自衛隊基地に配属された。だが、いくつかの理由で窓際の閑職に置かれる。海自関係者は、それを彼の性格と母が統一教会信者という家庭環境と明かした。

「一つは船の実習部隊にいるとき上司とトラブルになり、適性がないと判断されて船を下ろされた。ただ、彼が術科学校に進めなかったのは別の理由です。それは統一教会との関係でした。

自衛隊では、国内の宗教であればたいてい問題ないのですが、統一教会＝韓国という認識であり、文鮮明は北朝鮮・朝鮮労働党の工作員という見方もある。また、彼には借金もあった。多額の借金を抱える人の場合、情報を金で売る可能性もある。だからクリアランス（秘密保持の適格性）を認められなかったのです」

同期の評判もよくなかった。「世の中の何に対しても不平不満をこぼしていて暗い」（男性）、「体を上から下まで舐め回すように見るので性犯罪でも犯しそうな雰囲気だった」（女性）と証言している。

二〇〇五年二月、山上はベンジン五十ミリリットルとアルコールを飲み干し、自殺未遂を起こす。自身の救急コールで助かったが、その際の事情聴取は統一教会への怨嗟《えんさ》にあふれていたという。

呉から伊丹（兵庫県）の病院に搬送された山上のもとを伯父と兄のAは訪れたが、母は来なかった。彼女は韓国にいて修練の期間中だった。ようやく連絡がついても、「まだ帰れない」という返事だった。伯父が言う。

「伊丹の病院に運ばれてきたとき、私の母のところに住んでもらい、一〜二年職業訓練でもして社会復帰しようとテツに話した。その時にテツは喜んで喜んでね。ところが、うちの子どもが賛成しなかった。自殺未遂もしとるし、面倒みることが必要だろうと。でも直接本人には言えんかった。それで、『徹也、申し訳ない』と手紙を送った。テツはがっくりしたと思う……」

それから伯父とも間遠になった。

母は、山上が海自にいた二〇〇二年十二月、自己破産していた。実家のすべてが失われ、親族も受け入れを拒否。戻る場所もなくなった状態で、山上は海自を除隊した。

事件後、山上はこう供述している。

「二十年ほど前から報復を考えていた。宗教団体に打撃を与えたかった」

だが山上は人生を捨てたわけではなかった。二〇〇七年七月には測量士補の資格、同年十月に宅地建物取引士の資格、二〇〇八年三月にはファイナンシャル・プランナー2級を取得。その他にも、フォークリフト運転技能講習なども受講している。

ところが、またも悲劇が山上家を襲った。二〇一五年十一月、長男のAが自殺したのだ。

Aもまた教会と母親との関係に対する不満から、母親に暴力をふるうこともあったという。Aを知る統一教会関係者が振り返る。

「週に一、二度、夜中の一時、二時にも電話をかけてきて、長ければ一時間以上も母親への不満をぶつけてきた。人生で一番お金が必要な時に、生活は困窮するばかり。病気で仕事もないA君の絶望は、徹也君以上に大きかったでしょう」

葬儀の場で山上は「兄ちゃんアホや、生きていればいいことあるのに」と泣いた。その四年後、山上はツイッターで自身の境遇や思いを吐露するようになる。

東日本大震災から十年の報道が続いていた時期には、被災者と我が身を照らし合わせていた。

〈肉親を失い生活基盤を失い病むのは同じでもこれだけ報道され共有され多くを語らずとも理解され支援される可能性がある。何て恵まれているのだろう、そう思った〉（二〇二一年二月二十八日）

統一教会の問題に誰も目を向けようとしない。その嘆きが文面ににじむ。まもなく自宅とは別にアパートを借り、爆弾や銃の製造を始めた。

③統一教会は安倍の「雨天の友」

それは白亜の豪邸と呼ぶにふさわしい洋館だった。その庭で幼い男児が乗る足漕ぎ車を安倍晋太郎が押していく。その様子を岸信介がうれしそうに見守る。一九五八年四月の南平台の岸邸を映したニュース映像だ。晋太郎に押されているのは三歳の安倍晋三である。

そのころの南平台の様子を、母の洋子はこう回想している。

〈わたくしが子どもたちを連れて訪れますと、さっそく父は孫たちと鬼ごっこに興じるのです。（略）さんざんはしゃいで疲れて寝入ってしまった次男の晋三を膝の上に置いて、晩春の陽射しの下、縁側に座ってデモ隊の行列をあかず眺めておりました父の後ろ姿がいまも目に浮かぶようです〉（『わたしの安倍晋太郎』）

かつて晋太郎の番記者をしていたジャーナリストの野上忠興は、晋三を理解する鍵は寂しがり屋と話す。

「『たまに父がいると家の中がギクシャクした』と晋三が述懐したように、晋太郎は政治活動、洋子も選挙活動などで留守がちで、晋三は南平台の岸の家に預けられることが多かった。三男の信夫が生まれると岸は信夫を溺愛し、その反動もあってか、晋三は『僕は政治家になる』と言い出した。祖父へのアピールだ。だから長じて政治家になってからも、自分を無条件に応援してくれる人との付き合いを深めた」

そんな晋三が政界に入ったのは一九九三年。一九九一年に急死した父の地盤を引き継ぎ初当選。第二次森喜朗内閣で官房副長官、小泉純一郎内閣で再任されるなか、拉致問題の強硬論などで保守の新星として急速に注目を浴びる存在となった。

そして二〇〇六年に戦後最年少、戦後生まれ初、五十二歳という若さで総理大臣の座に就いた。

この若き政治家に対し、統一教会側は当初手ごわい印象をもっていた。古参の幹部が振り返る。

「岸先生のお嬢さん（洋子）から注意されていたようなんです。またご本人も『自分はあまり関わりたくない』と仰っていた。霊感商法で叩かれた後は祝電などお願いしても打ってくれませんでした。それでも北朝鮮の拉致問題などもあり、我々とは仕方なく関わってきたんです」

一方、地元・下関の安倍事務所に詳しい元後援会員は、それでも事務所を通したつながりはあったと言う。

「いまは移転していますが、以前は事務所の目と鼻の先に統一教会の下関教会があり、世界日報は他の宗教紙と同様に購読していました。選挙となれば、各宗教団体に、ポスティングと電話かけ、イベント動員をやってもらうからです。統一教会に関しては、世界平和連合という名で担当者がいた。代議士自身は地元の統一教会とは距離がありました」

政治家との絆

安倍が統一教会関係で報じられたのは、二〇〇六年五月中旬の官房長官時代、ＵＰＦが福岡で開催した「祖国郷土還元日本大会」に安倍事務所が祝電を送ったのが初めてだ。これは合同結婚式を兼ねた大会だった。その後、二〇〇五年十月の創設記念広島大会にも祝電を送っていたことが判明した。

二〇〇六年の総裁選に勝ち、政権を取ったものの、閣僚の失態や体調不良により一年で総理を辞任。さらにその二年後の二〇〇九年には自民党そのものが総選挙で大敗し、下野することになった。

そのとき近づいてきたのが統一教会だった。

「過去献金に関してトラブルがあったということは報道関係者の皆さんも周知の事実だと思います。二〇〇九年、当法人会長が会見して声明文を発表しました。それから十三年が経った。声明文で強調されたのがコンプライアンスです」

今年七月十一日、西新宿のホテルで開かれた緊急会見。旧統一教会会長の田中富広はそう述べた。この会見で田中は、二〇〇九年以降トラブルはないと言い切った。だが複数の訴訟などが明るみに出ると、ゼロではないと後から訂正した。

事実、この会見の翌日行われた全国霊感商法対策弁護士連絡会（全国弁連）の主張と照らし合わせると、田中の発言には嘘があった。全国弁連の集計では、一九八七年から二〇二一年末までの旧統一教会による被害総額は約千二百三十七億円。これは「被害」として届け出られたものだけで、実際には「一兆円をゆうに上回る」と推計されている。また、二〇〇九年以降も刑事事件は複数起きていることも全国弁連は明かした。

なぜ田中は二〇〇九年を区切りのように強調したのか。

それは、この年に起きた刑事事件が旧統一教会にとって最大の危機だったためだ。霊感商法に捜査のメスが入った「新世事件」である。二〇〇九年、渋谷にある有限会社新世の事務所や同社代表の自宅に警視庁の強制捜査が入った。容疑は特定商取引法違反。姓名判断を装って通行人を誘い、高額の印鑑を購入させ口止めまでしていた。新世は統一教会のフロント企業の中ではフラッグシップ的な存在だった。

捜査は渋谷の教区本部にまで及んだ。そして信仰と混然となった販売手法、高度な組織性が認められる継続的犯行だと認定され、社長らの執行猶予付きの懲役刑が確定。徳野英治会長（当時）は辞任に追い込まれた。

この事件によって統一教会は二つの点で大きな方向転換を余儀なくされた。一つは霊感商法の見直し。もう一つは政治家との関係性の強化だ。

全国弁連の弁護士渡辺博は七月十二日の会見の際こう指摘していた。

「後に統一教会の機関紙で、統一教会の責任者が登場して、『政治家との絆が弱かったから、警察の摘発を受けた。今後は政治家と一生懸命つながっていかないといけない』と語った。それが彼らの反省点でした。我々が国会議員に『統一教会の応援をするのはやめてください』と呼びかけている理由もそこにあります」

そのとき統一教会が接近した政治家の一人が安倍だった。

二〇一〇年八月には、梶栗正義が海外の教会関係者とともに、議員会館に安倍を訪ねていたことがジャーナリストの鈴木エイトが入手した写真で判明している（写真2、次ページ）。

また教会本部とは別に、古参会員が独自の組織を拠点に政治家に近づく動きもあった。

写真２　議員会館の安倍事務所を訪ねた教会関係者。左端が安倍氏、右端が梶栗氏。

二〇一〇年二月。都内で開かれた「世界戦略総合研究所（世界総研）」という統一教会系政治団体のシンポジウムで安倍は講演している。世界総研会長の阿部正寿は、南平台時代を知る会員だ。元信者が言う。

「久保木が一九六八年に日本で最初の祝福家庭となり、翌年に合同結婚した十二組の家庭『十二双《じゅうにそう》』に阿部や梶栗玄太郎がいました。十二双は教会内では別格の存在です」

その後、世界総研の関係者は、安倍および安倍に近い保守系議員に積極的に近づいている。

二〇一二年二月、代表の阿部と実務担当の小林幸司は、下村博文らと交流する勉強会に参加。ゴールデンウィークには安倍夫妻らと高尾山に登るイベントに参加している。その三週間後の五月には、下村博文の地元で開かれた博文若手政策会に足を運び、七月には憲政記念館で安倍と中川秀直をゲストスピーカーにした講演会を開催した。

そして同年九月に安倍が自民党総裁に復帰し、十二月の解散総選挙で大勝を収め、第二次政権に就くと、翌二〇一三年一月、阿部は著書『安倍政権の強みがわかる　日本「精神」の力』を出版し、そこで安倍への支持の理由をこう記している。

〈何とか保守政権を樹立すべく私なりに努力してきた。そしてその中心人物は安倍晋三氏でなければならないと決めてきた。これは単に相応しい人物というより、天の摂理から見て安倍晋三氏であるべきだと感じたからである〉

世界総研について尋ねると、小林は概ね次のように回答した。

「世界平和統一家庭連合とは関係がなく、寄付を含め、協力、支援、援助を受けたことはない。阿部は過去に国際勝共連で事務総長を務めていたが、現在はご皇室や日韓関係に関する立ち位置等に対して相違点も多く当法人として関わりを持つことはない」

ただ、統一教会系人脈は安倍にとって「雨天の友」だった。

無自覚な政治家の罪

「この文書を見たときには、私自身も驚きました」

鈴木エイトは長く統一教会の問題を取材してきたが、九年前の七月に入手した教会の内部文書は想像以上の内容だった。

〈全国区の北村さんは、山口出身の政治家。天照皇大神宮教（「踊る宗教」とも）の北村サヨ教祖のお孫さんです。首相からじきじきこの方を後援してほしいとの依頼があり、（略）今選挙で北村候補を当選させることができるかどうか、組織の『死活問題』です〉

二〇一三年の参議院選挙のこと。北村さんとは参議院議員の北村経夫を指す。現職総理の安倍が統一教会に対して集票を依頼してきたという。統一教会の協力もあってか、新人候補だった北村は当初落選必至と見られていたにもかかわらず、予想より八万票積み増して当選した。

当時、北村の選挙の手伝いをしていた保守論客の近藤将勝は、選挙活動中に統一教会系の世界平和連合のスタッフがいたと証言する。

「北村氏の事務所には、わざわざ東京から平和連合の女性スタッフが派遣されていました。他のスタッフと交流せず、浮いた存在でした」

北村の当選は統一教会の大きな実績になった。安倍に近い自民党議員は、次第に統一教会系団体との付き合いを隠そうとしなくなっていく。

第一次安倍政権で文部科学大臣に就任した下村博文もその一人だ。前述のように以前から統一教会系団体とつながりがあった下村だが、文科相に就任後の二〇一三年から二〇一四年にかけて、統一教会系論壇誌「Ｖｉｅｗｐｏｉｎｔ」の表紙を三度飾り、わざわざ大臣室でインタビューに応じている。

二〇一五年、宗教法人を所管する文化庁が突如「世界基督教統一神霊協会（統一教会）」の名称変更を認めた（新しい名称は世界平和統一家庭連合）。それまで統一教会は社会的な問題を引き起こしてきた団体であるため、文化庁は名称変更の申請があっても受理してこなかった。

その担当者だった一人が元文部科学事務次官の前川喜平である。前川はこう語った。

「オウム事件のあと、その年に宗教法人法の改正があり、宗務課は宗教法人に厳しく接することになった。私が宗務課の課長になったのはその直後のこと。その時、初めて統一教会から名称変更の相談があったが、受理しなかった。この前例を変更するなら政治マターになる。名称変更当時、私は審議官だったので『なんでこんなことするんだよ』と言った覚えがあるが、具体的な手続きは把握していない。確かなのは事務方でできる変更ではないということだ」

当時文科相だった下村は、自らの関与を否定している。

二〇一六年にＵＰＦ主導で創設された世界平和国会議員連合の日本大会には、閣僚五人、代理出席をあわせると、百人以上の国会議員が出席した。また翌年七月には、武田良太や山本朋広ら国会議員団十数名が統一教会幹部と渡米、世界平和国会議員連合のイベントに参加している（武田は取材に「統一教会とは知らなかった」と回答）。

二〇一八年十月には、国際勝共連合創立五十周年記念大会に武田や山本ほか多数が出席。二〇一九年九月の第四次安倍再改造内閣では、統一教会と何らかの関係のある閣僚が十二人にも及ぶ事態になった。

そして二〇二一年六月には、衆議院議員会館の一室を使って堂々と世界平和国会議員連合による「日本・世界平和議員連合懇談会」の第一回総会が開かれた。その議員連盟会長を務めたのは、第四次安倍政権の環境相原田義昭だ。

なぜ統一教会系団体と組むのか。取材に応じた原田は、政治家は「平和」を掲げていれば参加するものと悪びれず、次のように答えた。

「平和って言葉はチャーミングじゃない？　議員は正しいと思った趣旨の会合であれば参加するものです。清和会の細田博之さんが名誉会長。若手も安心して入るよね」

統一教会がどういう団体かはあまり意識しなかったという。

「九〇年代はじめに選挙を始めたけれど、そんなに（社会的な被害を）感じなかった。いま言われると、あああったなと。いや、正直言えば、いつからか統一教会であることは気づきました。けれど議員としては関わっていいと思った。ただね、今回日本（の統一教会）が韓国に多額の送金をしているのを初めて知った。いまにして思えば、関係を見直すべきだったのかもしれませんね」

議員にとっては、統一教会と付き合うメリットは確実にあった。選挙の際には無償で運動員を派遣、ときには講演会を開いてくれる。何より厳しい選挙戦に組織票の存在はありがたかった。

イデオロギーは誰にも迷惑のかからない「平和」や「家庭」。一方、統一教会にとって著名な議員が会合で登壇したり、祝電を送ったりすることには大きな意味があった。

全国弁連の代表世話人山口広は統一教会に関わることそのものが、統一教会にエールを送ることに他ならないと強く批判する。

「新世事件以降、統一教会は資金的に厳しい状態になっています。彼らは今でも伝道をやっていますが、以前のようにはできない。だから政治の力を借りようとする。今回の参院選で組織推薦候補（安倍の元秘書官井上義行のこと）を出したのもその一つ。我々はそう認識しています」

その上でUPFのイベントに安倍がビデオメッセージを送ったことには無念を覚えると言い添えた。

「統一教会によって家庭を崩壊させられた人々にとって、その総裁（韓鶴子）に向かって元首相が『敬意を表します』と言うのは大変な衝撃です。ですから全国弁連は登壇後すぐに安倍事務所に抗議文を送りました。しかし受け取りは拒否されました」

④我、一命を賭して解放者とならん

七月八日の朝、外に出てみると空は薄曇りだった。グレーのポロシャツにカーキ色のワークパンツ。手製銃を入れた黒いショルダーバッグを肩にかけると、山上はマンション八階の部屋を出た。

近鉄奈良線の新大宮駅から大和西大寺駅は三〜四分。電車は南に立つ平城京の朱雀門を通り過ぎると到着する。朝十時、安倍の到着までまだ時間があったため、山上は駅前の複合施設などに出入りしながら、演説場所の位置関係を確かめた。

　山上は三年前にも韓鶴子の襲撃を企てている。二〇一九年十月、愛知県で行われた「孝情文化祝福フェスティバル　名古屋４万名大会」。このイベントには、韓鶴子が登場した。山上は前日に名古屋に乗り込んだが、犯行には至らなかった。

「火炎瓶を持って行った。しかし信者しか中に入れずそのまま帰った」

　この未遂事件から一年後、山上は爆弾や銃の製造に取り掛かった。

二〇二〇年末、誰かに思いを伝えたかったのだろうか。島根県で活動するジャーナリスト米本和広のブログに犯行の決意表明とも言えるコメントを書き込んでいた。米本は長年、統一教会やカルト団体の取材をしてきた人物だ。

〈金を奪い、家族を奪い、幾多の個人の人生を狂わせたのは万死に値する罪ですよ〉〈必要なのは許す事でも忘れる事でもない。彼等の罪を償わせ切ること〉〈我、一命を賭して全ての統一教会に関わる者の解放者とならん〉（二〇二〇年十二月十二日）

　これを読んだ米本は「カッカしなさんな」とたしなめた。それでも山上の決意は変わらなかった。

〈復讐は己でやってこそ意味がある。不思議な事に私も喉から手が出るほど銃が欲しいのだ。何故だろうな？〉（二〇二〇年十二月十六日）

山上は着々と準備を進めた。二〇二一年三月、奈良県内のアパートを借りた。農作物の肥料など化学薬剤を調合し、銃に使う火薬をつくるためだった。半年後の九月、アパートを解約すると、今度は十一月から今年二月までシャッター付きガレージを借りた。火薬を乾かすためだった。

事件に用いた銃は長さ四十センチ、高さ二十センチ、金属製の筒を二本並べたもので筒の奥に火薬とカプセルを入れる構造。引き金部分にスイッチがあり、通電するとカプセルが発射する。六個の弾丸が入ったカプセルが二個詰まっていた。

山上が住むマンションの住人の一人は、山上のことをこう話す。

「『こんにちは』と挨拶もするし、ごく普通でした。誰か人が来ている気配を感じたこともあります。ただ騒音はひどかった。トントンカンカン、ビスを打ち込む音も夜中の二時三時まであり、たまらなかった。管理会社から注意の紙も配られていた」

それが春先から事件直前まで続いたという。

二〇二〇年十月から派遣社員として勤務していた会社は、今年四月には体調不良を理由に欠勤するようになり、五月には退職した。この時期、山上は手製銃の試射をしていたとされるが、狙う対象を教団幹部から安倍に変えたのも、ビデオメッセージを目にした今年春のことだった。

その手製銃を持ち出したのは七月七日。この日の十九時、安倍は岡山市民会館で演説する予定だった。十七時半頃、市民会館の近くの監視カメラに山上は映っていた。だが会場には入らなかった。実際には行われていなかったが、手荷物検査があると判断。銃を持参していた山上は会場に入るのを断念した。

だが、帰路の新幹線でスマホを見ていると、翌八日の安倍の演説が地元の奈良で行われると発表されていた。八日の安倍の遊説先は長野だったが、長野の候補者の醜聞が報じられたため、変更されたのだ。奈良の会場はよく知る場所だった。

山上は岡山で用意してきた一通の手紙をポストに投函していた。宛先は島根県。以前にもコメントを書き込んだ米本和広への手紙だった。山上は「ご無沙汰しております」と旧知の友人のように呼びかけ、手紙を綴った。

〈私は「喉から手が出るほど銃が欲しい」と書きましたがあの時からこれまで、銃の入手に費やして参りました。その様はまるで生活の全てを偽救世主のために投げ打つ統一教会員、方向は真逆でも、よく似たものでもありました。
私と統一教会の因縁は約30年前に遡ります。母の入信から億を超える金銭の浪費、家庭崩壊、破産…この経過と共に私の10代は過ぎ去りました。その間の経験は私の一生を歪ませ続けたと言って過言ではありません。（略）
苦々しくは思っていましたが、安倍は本来の敵ではないのです。あくまでも現実世界で最も影響力のある統一教会シンパの一人に過ぎません。
（略）安倍の死がもたらす政治的意味、結果、最早それを考える余裕は私にはありません〉
夜、奈良に戻ると、翌朝四時過ぎに地元の統一教会関連施設の入口を狙い、車から試射をした。大きな音が轟き、弾は壁にめり込んだ。

そして二発の銃声が響いた

八日十一時すぎ、街頭演説会が始まった。最初に地元の衆議院議員、その後非改選の参議院議員、奈良市長などの挨拶が続いた。自民党奈良県連の幹事長、荻田はその最後だった。十一時十九分頃、到着したワンボックスカーから安倍が現れた。

「すんません、えらいご苦労さんです」と荻田が声をかけると、安倍は「やぁ」と笑顔を見せた。観衆と握手して演台のスペースに入る。候補者の佐藤啓が所信表明する際、安倍もしっかり聴いていたと荻田は言う。

十一時二十九分、マイクを渡された安倍が演台に登った。第一声は張りのある声だった。

「えーみなさん、こんにちは！　安倍晋三でございます。本日みなさん大変お忙しい平日昼間に、佐藤啓がんばれ、そんな気持ちで足を運んでいただきまして、まことにありがとうございました」

周囲の聴衆は、元首相の演説に喜び、工事現場の人までも、スマホでその様子を撮影しはじめた。

演説開始から二分あまり、ロータリー側からグレーのポロシャツを着た男が静かに道路の中程に歩いてきた。男は右腕でカメラ状のものを抱えるように構えた。安倍は候補者佐藤について話し続けていた。

「やっていけるかどうかわからない。そういう判断をした。彼はできない理由を考えるのではなく……」

その時、安倍の後ろで鈍く巨大な音が鳴った。一発目のあと演説スペースの関係者が動揺する中、男はさらに数歩近寄った。安倍も異変に気づき、左側から後ろを振り向いた。五メートルほどの距離に立つ山上がいた。そして二発目の銃声が響いた。

二発目の六つの弾丸のうち二つが安倍の体を貫いた。その瞬間、安倍は左ひじを胸にひきつけるようにぐっと脇を締めた。左の肩から入った弾丸は、左右の鎖骨下動脈を二本とも傷つけ体内で大量出血が起きた。死亡が確認されたのは五時間以上後のことだが、警察関係者によれば、二本の動脈から体内出血した時点で、助かる見込みはなかったという。

利用したのか、されたのか

ＵＰＦ議長の梶栗に取材を依頼すると、返ってきたのは一枚の紙。安倍がビデオメッセージを寄せた経緯についてだけ回答してきた。

「当該大会（昨年九月の希望前進大会）はＵＰＦ-International（米・ニューヨーク）が主催したものです。ＵＰＦ-International およびその友好団体であるワシントン・タイムズ財団から安倍元首相にビデオメッセージの依頼があり、盟友である米国トランプ大統領がビデオメッセージを送られることを伝え聞いて承諾されたと聞いています」

記された内容は、昨秋、梶栗が渋谷教会で話したこととはまったく異なるものだった。

事件について自分の責任を認める言葉も、哀悼の意を表する言葉も一切記されていない。

昨年十月、梶栗はビデオ収録後の安倍の様子をこう話していた。

「ああ終わったと言って、ソファに座って談話だと言って色々喋り出す。一人で喋ってる、興奮して。今の日本の自民党、日本の国がどれだけリベラル化しているか、どれだけ深刻な状況か。（略）世界平和というものを作るにあたって信頼を置くことができるところはどこかという観点で向き合って、ベラベラベラベラ思いの丈を喋っているんですよ」

統一教会草創期の古参幹部で安倍晋太郎と付き合いのあった男性は、安倍晋三がテロ行為で命を落としたことに申し訳ない思いを抱えていると打ち明けた。

「ロシアや中国との外交も積極的だったし、勝共という思想の人ではなかった。我々も迷惑がかからないようにしないといけなかった。だから勝共連合の執行部に私は怒っているんです」

第一次政権までの安倍は統一教会と距離を置いていた、と複数の議員関係者は証言していた。にもかかわらず、民主党政権で下野して以降、安倍は急速に統一教会と近づくことになった。それはなぜだったのか。

安倍の後援会関係者は、やはり政権奪回、票のためだと見ている。

「晋太郎さんは三回目の選挙で落選していて、晋三さんはその苦労を知っている。選挙で負けたらただの人以下、だから勝たないといけないというのが晋三さんのポリシーでした。民主党政権のときに、とにかく政権を取るために統一教会を使った。ビデオメッセージは彼らの協力への感謝の表明でもあると思います」

だが、そもそも安倍はどこまで統一教会の教義やその実態について知っていたのか。

教義によれば、世界にはアダム国家とエバ国家があり、韓国はアダム国家、日本はエバ国家。姦淫の原罪により、日本は韓国に尽くさねばならないという教えがその根幹にある。

北大の櫻井は、統一教会の基本的な考え方は「コリア民族主義」だと指摘する。

「日本語版には載っていませんが、『原理講論』の韓国語版には、植民地統治時代にいかに日本人が韓国人を虐待したかが書いてある。基本的にコリア民族主義の団体で、韓国ではエセ宗教と認識されています」

二〇一八年七月、岡山県で開催された「孝情文化ピースフェスティバル」では、韓鶴子が寄せた「み言《ことば》」が代読されている。

「日本は過去に誤ったことを認めなくてはならない。人間的に考えれば赦すことのできない民族です」

端的に言えば、反日の思想。安倍には受け入れがたい主張だろう。

今も日本から韓国に渡る献金は莫大な額とみられる。事件後、テレビ取材に応じた同教会の元牧師は「年間五百五十億から六百億円前後」が日本から韓国の本部に送金されていると証言し、米ワシントン・ポスト紙は、同団体の献金の七割は日本からのものだと報じた。いまなお末端の信者の献金被害が続いていることは全国弁連が報告する通りだ。

統一教会はかつての勢いを失ったとはいえ、豊富な資金力を誇る。教会本部がある清平では、いま現在も約一兆ウォン（約一千億円）をかけた新宮殿「天苑宮」の建築中だ。国家首脳クラスのゲストスピーカーには多額の謝礼も惜しまなかった。九〇年代に元米大統領の父ブッシュが講演料として八万ドルを受け取ったとワシントン・ポストが報じると、あわてて慈善団体に寄付したこともあった。

日本の信者から吸い上げられた献金の一部は、日本の政治家を支援する資金としても還流している。安倍は選挙に勝つため、統一教会を利用した。また、安倍にならって近づく議員も増えた。統一教会は、有力な政治家を広告塔として利用することで新たな信者を獲得してきた。その結託の象徴として、山上が安倍を統一教会と結び付けたのなら、それはけっして見当違いではなかった。

だが、統一教会がどんな教義に基づき、何を得ようとしていたのか、安倍は深く考えていただろうか。山上と向き合ってから倒れるまでの刹那、安倍はなぜ自分が撃たれることになったのか、思い至ることはできただろうか。

（文中敬称略）

（『文藝春秋』二〇二二年九月号／原題「安倍元首相暗殺と統一教会」）

3

〝安倍派〟への工作を示す教団内部文書

鈴木エイト

『自民党の統一教会汚染　追跡３０００日』の著者でもある鈴木エイト氏は、「やや日刊カルト新聞」などのメディアで精力的に取材を続けてきた。統一教会から「要注意人物」と名指されたジャーナリストが明かす政界工作の実態。

安倍晋三と統一教会の関係を示す最も古い資料ではないか——そう言って届けられた古い冊子をめくってみると、たしかに「安倍晋三」の名前があった。

〈現在の課題となすべきこと
①　第二次5カ年計画（基本計画）においてジェンダーという文言を使用させない。（略）
・安倍晋三官房長官と山谷えり子内閣府政務官でチェックできるように関係省庁、議員に積極的に働きかける〉（38頁）

表紙には、「21世紀　世界平和の為の　日本女性指導者セミナー」とある。パワーポイントが印刷されたもので、制作は統一教会のフロント団体・天宙平和連合（ＵＰＦ）とその前身組織である世界平和超宗教超国家連合（ＩＩＦＷＰ）の連名だ。作成時期は記載内容からして二〇〇五年十一月から翌年二月の間とみられる。

二〇一二年十二月の第二次政権発足以降、安倍と旧統一教会が急速に関係を深めたことは、暗殺事件以降よく知られるようになった。

二〇一三年七月の参院選における安倍派（当時、町村派）の北村経夫への選挙支援にはじまり、二〇一五年八月の文化庁による教団の名称変更の認証、そして暗殺事件の引き金となった昨年九月に開催されたＵＰＦの大規模オンラインサミットでの安倍本人のリモート登壇・ビデオメッセージ上映、そして今年（二〇二二年）七月の参院選における安倍派の井上義行への選挙支援にいたるまで、安倍派と旧統一教会の関係は明らかに深まって行った。

私は第二次安倍政権以降の安倍と旧統一教会の関係性を〝共存共栄関係〟と見立て、この九年間にわたり検証してきた。

だが、そもそも安倍と統一教会の関係がいつ始まったのかについてはまだ謎が残されている。祖父岸信介以来の「三代にわたる蜜月」とよく指摘されるが、安倍が第三次小泉改造内閣で官房長官になる頃まで関係は確認されていない。はっきりわかっているのは、二〇〇五年十月、官房長官に就任する直前に、ＵＰＦの創設記念広島大会に祝電を送っていたという事実だ。

なぜ安倍の名がそこに？

今回入手した冊子は、安倍から祝電を受け取ったＵＰＦが安倍の官房長官就任直後に作成したものとみられ、たしかに最も初期の関係を示すものと言えた。

冊子の同じページには、次のような記載もある。

〈・第三次小泉内閣において猪口邦子議員が男女共同参画担当大臣になる。
・ジェンダー概念に執着〉

冒頭で紹介した箇所とあわせるとこう読み解くことができる。

「ジェンダー概念に執着する猪口大臣が作成する第二次男女共同参画基本計画の五カ年計画において、ジェンダーという文言を使用させないため、官房長官の安倍、内閣府政務官の山谷がチェックできるよう関係省庁と議員に積極的に働きかける」

ＵＰＦが統一教会の信者や関係者にそう呼びかけていたということだ。

なぜ統一教会がジェンダー（社会的性別）に反対するのか。なぜ安倍と山谷の名前を挙げるのか――当時の社会状況と照らし合わせながら見ていこう。

「男女が均等に政治的、経済的、社会的及び文化的利益を享受することができ、かつ、共に責任を担うべき社会」を目指して作られた男女共同参画社会基本法は、一九九九年六月に公布・施行された。

これを受け二〇〇〇年三月以降、全国の自治体で男女共同参画推進条例の制定が進み、同年12月には男女共同参画基本計画が策定される。その間、ジェンダーフリー運動の象徴として浮上したのが「ジェンダー」という言葉だった。

この流れに強く異議を唱えた一人が衆議院議員の山谷えり子（民主党・当時）だった。二〇〇二年四月十一日、山谷は衆議院青少年問題に関する特別委員会で文科省委嘱事業における小冊子「未来を育てる基本のき」を提示し、ジェンダーフリー教育・夫婦別姓・多様性について批判を展開、青少年健全育成について質問、男女共同参画社会基本法やジェンダー教育への違和感を表明した。

その後、山谷は保守新党を経て二〇〇四年七月、自民党へ入党する。二〇〇五年三月四日の参議院予算委員会でも、男女共同参画社会・教育基本法改正、性教育について質問した。

「ジェンダーフリーというどこの言葉でもない、（中略）勝手に日本がつくった、勝手な、定義も分からない言葉を使って独り歩きさせたり、混乱が起きている」

「（男女共同参画基本計画の）次の五カ年計画にジェンダーという定義を入れるべきではない」

大々的にやっちゃえ！

この山谷の〝活躍〟に安倍が呼応する。二〇〇五年四月、「自民党　過激な性教育・ジェンダーフリー教育実態調査プロジェクトチーム」を結成し、当時幹事長代理だった安倍自身が座長に納まった（山谷は事務局長）。

結成の翌五月には、党本部八階ホールにおいて、「過激な性教育・ジェンダーフリー教育を考えるシンポジウム」を開催、安倍と山谷の二人はそろってパネリストとして登壇し、男女共同参画基本法やジェンダーを批判した。山谷はこう発言した。

「ジェンダーフリーが間違っているとの国民的なコンセンサスがやっとできた。次には『ジェンダー』がどうなのか、大きなテーマだ。男女共同参画社会基本法そのものについても検討していきたい」

　このシンポジウムの責任者として司会を務めていたのが現政調会長の萩生田光一だ。「永田町の時勢に合ったトピックをはぎうだ光一がするどい感性でお伝えします」と銘打った自身のブログ「はぎうだ光一の永田町見聞録」（二〇〇五年五月二十八日）でこう書いている。

〈この問題は私が都議会時代から古賀俊昭先生（日野市）田代博嗣先生（世田谷区）らと共に取り組み警鐘を鳴らし続けてきた事案で、私の都議会予算委員会の質疑が新聞記事に取り上げられたこともありました。しかし当時は国会の自民党が中々問題意識を持ってもらえず、山谷えり子衆議院議員（当時　保守党）のみが危機感を感じて国会で採り上げていただきました〉

〈全都の公立学校の調査をし、６００体を超える不適切なセックス人形等が押収され大きな問題となり、ジェンダーフリー思想のフェミニスト達もしばらくは鳴りを潜めていたのですがここへ来て又教育現場でモゾモゾと動き始めた〉

〈当初は突然責任者に指名され、「どうしよう」と戸惑ったのですが「この際大々的にやっちゃえ！」という無責任な仲間の声に推されホールを借り、９０１号室（党本部でホー

ルに次いで広い部屋）に都や全国から押収したセックス人形やビデオの放映、教材の展示会も併設致しました〉

〈こういったおかしな教育を是正するには、やはり男女共同参画基本法の運用面での問題是正や、公務員給与改革によるダメ教員の排除等、抜本的な改革が必要な事を訴え無事閉会しました〉

反ジェンダーの仲間たち

安倍、山谷、萩生田ら安倍派の源流ともいうべき三人が主張していたのは、家父長主義的な色合いが強い「伝統的家族観」だ。一九九七年に設立されていた日本会議もこうした動きに賛同していた。

前出のプロジェクトチームは全国調査を実行に移し同年七月に調査結果を発表。男女共同参画基本計画改定作業中の政府に対し、「『ジェンダー』との文言を削除すべき」とし「ジェンダーフリー」との言葉そのものの使用をやめるだけではなく、「ジェンダー」という言葉に関しても「語の定義が曖昧である」として正式な文書において使用しないよう求めた。

男女共同参画を積極的に進める小泉政権に対するバックラッシュ（反動）ともいえる動きだった。

二〇〇五年十月に発足した第三次小泉改造内閣では、安倍が官房長官に就任し次期首相候補として注目を集めたが、そのとき内閣府特命担当大臣（少子化・男女共同参画）に就任したのが元大学教授の猪口邦子だった。男女共同参画会議の議員や専門調査会の委員を歴任してきた猪口は、九月の衆院選で当選したばかりだったが、佐藤ゆかりと片山さつきとともに開いた外国特派員協会での会見で、「私たちがジェンダーバッシングを許さない」と発言、安倍や山谷に対抗する意欲をみせていた。

山谷と統一教会の〝共鳴〟

ここまでが、二〇〇六年初頭までの「ジェンダーフリー」「男女共同参画」「性教育」などをめぐる〝安倍派〟の動きだ。この動きと連動するようにジェンダー・バックラッシュをはじめたのが統一教会であり、その活動の一端を示したものが冒頭で紹介したＵＰＦの「21世紀　世界平和の為の　日本女性指導者セミナー」ということになる。

統一教会は「純潔思想」を掲げる宗教だ。

〈青少年期は、スポーツを通して肉体の限界を超えて体を鍛えることで、精神力など心が修養されます。同じように性欲を主管しながら純潔を守ることで、愛を深める修養となり、心身共に健全な大人へと成長するようになります。

結婚相手となる将来の夫や妻に対する最大のプレゼントは、純潔を大切にする絶対「性」の生き方ではないでしょうか〉（「テキスト版ほぼ5分でわかる祝福結婚Ｑ＆Ａ」光言社のサイトより）

統一教会は、その特異な家庭観、家族観、性的な純潔思想から、性教育、ジェンダーフリー、選択的夫婦別姓、同性婚、ＬＧＢＴ、男女共同参画等を「文化共産主義」による価値観として敵視してきた。安倍を中心とした自民党保守派の〝思想〟と通ずるものが元々あったことはたしかだ。

だが、権力と手を結ぶためには、手段を選ばない面も統一教会にはある。現に、統一教会はそういうことをやってきた教団だ。米ＣＩＡの後ろ盾のもと、「北朝鮮の共産主義に打ち勝っての統一／勝共統一」をスローガンにしていた朴正熙政権（一九六一～一九七九）の庇護を受けるため、教祖・文鮮明は便宜的に反共産主義を掲げ、反共活動組織を作って朴に取り入ったことが知られている。

「21世紀　世界平和の為の　日本女性指導者セミナー」の冊子をめくっていくと、40頁のスライドには次のように記されている。

〈現在の課題となすべきこと
③　青少年健全育成基本法の制定
・子どもの権利
・保護を受ける権利（中心）
・自己決定の権利
・青少年を健全に育成するための国、保護者、地方公共団体、事業者などの責務明示。
・内閣府に青少年健全育成推進本部を設置〉

青少年育成推進本部は2003年に内閣府に設置されており、2008年12月に青少年育成施策大綱が決定された。

このスライドの下部には受講者によるものと思われるメモが残されており、こう書かれている。

「山谷えり子さんと相談して……今、たたかいの中にいる」

山谷はこの頃、青少年育成担当の内閣府大臣政務官として活動していた。山谷と統一教会の直接の接点はまだ不明ではあるものの、お互いの思想に共鳴し合う〝共鳴関係〟にあったことがうかがえる箇所だ（山谷事務所は小誌の取材に「セミナーの存在は存じあげておりません」と回答した）。

ここで問題にすべきは、実際の政策決定に対して統一教会の影響があったかどうかだ。二〇〇五～二〇〇六年の時点でこれだけの〝安倍派〟との共鳴関係があったとすれば、先進諸国と比して多様性に関する法整備が遅れているとされる日本の現状をどう捉えるべきなのか。もし仮に国民のニーズが反映されるべき法整備が統一教会の働きかけにより阻害、影響されていたとすれば問題である。統一教会およびそのフロント機関の関与がなかったと言えるのか。今後の検証が必要だ。

絡めとられた萩生田

地方では、条例に影響を与えた例もある。宮崎県都城市の男女共同参画社会づくり条例は、「性別又は性的指向にかかわらず」と明記する条文を日本で最初に盛り込んだ（二〇〇三年十二月）。ところが、その三年後、条文から「性別又は性的指向にかかわらず」が削除され、「すべての人」に包括、再制定された。元の条文に対する反対運動をリードしたのは統一教会系メディアである世界日報だ。のちに旧統一教会の広報局長となる世界日報編集委員の鴨野守が精力的に動いていた（山口智美、斉藤正美、荻上チキ『社会運動の戸惑い：フェミニズムの「失われた時代」と草の根保守運動』勁草書房）。

その後、〝安倍派〟と統一教会の共鳴関係はどう続いたのか。

二〇〇六年五月に安倍は、ＵＰＦの「祖国郷土還元日本大会」に祝電を送っている。安倍の祝電は前年に続いて確認できるかぎり二度目。

二〇一〇年八月には、当時、統一教会松濤本部・拉致問題担当委員長だった梶栗正義（現・ＵＰＦジャパン議長）が海外の教会関係者と共に、議員会館に安倍を訪ねている。ＵＰＦとの関係は協力的なものへと発展していったことがうかがえる。

山谷は第一次安倍内閣と第一次安倍改造内閣で、首相補佐官（教育再生担当）となり、第二次安倍改造内閣と第三次安倍内閣では、国家公安委員会委員長、内閣府特命担当大臣（防災）に就いた。萩生田は二〇一四年十月十一日、統一教会多摩東京教区が八王子市芸術文化会館で開いた当時の統一教会会長徳野英治の特別講演会「祝福原理大復興会・世界の平和は祝福結婚から」に招かれ、来賓として挨拶している。

このとき同じく来賓として招かれたのは当時、東京都選挙区選出の参議院議員だった中川雅治。この時点で参院選はまだ一年半以上先だったとはいえ、八王子という場所といい、衆参両議員の参加といい、今年六月の萩生田と参議院議員候補、生稲晃子の八王子家庭教会「訪問」を思い起こさせる構図だ。生稲は中川の後継候補である。

当時、自民党筆頭副幹事長及び総裁特別補佐を兼任していた萩生田は、来賓挨拶で「家庭が社会、国家の基礎であるし、家庭での教育が大事である」と強調していた。

世界本部長の安倍追悼演説

最後に、暗殺事件に至るまでの動きにも言及しておきたい。安倍と統一教会を結びつけたとみられるＵＰＦは、安倍の暗殺にも深くかかわっているからだ。

八月十二日、ソウル蚕室《チャムシル》にあるロッテホテルワールドで「サミット２０２２＆リーダーシップカンファレンス」が開催された。その開会式で教団の実権を握る世界宣教本部本部長の尹鍈鎬《ユンヨンホ》はこう述べた。

「最後にこの場を借りて七月八日に不意の逝去をされた偉大な平和指導者の安倍首相に哀

悼の意を表し、故人を追慕する時間をしばらく持とうと思います。

皆様ご存知のように、安倍首相は日本の発展はもちろん、北東アジア、ひいては恒久的な平和のために一生を尽くしてくださいました。そうして日本国民はもちろん、平和を愛する世界の人々に首相の生涯と業績は心に刻み込まれています。

特に本連合（UPFのこと）のためには、昨年九月の韓半島平和統一をテーマにした『希望前進大会』にて八十五人の首脳とともに映像演説を行い、今年二月には、（略）『韓半島平和サミット』で、書面ではありますが、米国やG20二十カ国を含む八十人余りの前・現職首脳と恒久的な世界平和に対する大きなビジョンを演説してくださいました。

本連合は、首相の突然の逝去の悲報に接し、悲痛で残念な気持ちで全世界の日本大使館に用意された焼香所で、首相を愛し尊敬する各国と各大陸の平和指導者たちと共に心からの哀悼の意を表しました。そして先日、特別に全世界の大陸レベルで開催された『大陸別インターナショナル・リーダーシップ・カンファレンス』に参加した数多くの首脳や指導者とともに、安倍首相に対する哀悼と追悼の時間を持ちました。そして今日、この場でも参加された指導者の方々と一緒にしばらくの間、追慕の時間を持とうと思います」

ＵＰＦに始まりＵＰＦで終った

尹の言う「不意の逝去」は言うまでもなく、今年七月に起きた安倍の暗殺事件のことだが、尹はここで重要なことに触れていない。安倍にビデオ出演を依頼したのは、直接的にはＵＰＦジャパン議長・国際勝共連合会長の梶栗正義だが、昨年八月、その梶栗に「例の取り組みを始めてくれ」と指示したのは他ならぬ、この尹本人であり、さらにいえば、旧統一教会トップである総裁の韓鶴子だった。そのことは梶栗が昨年十月に渋谷の本部教会でおこなわれた日曜礼拝で自ら証言しており、映像も残されている。

尹はこのことにはまったく触れずに安倍を追悼したのである。自分たちが事件の原因を作っておきながら自らの責任にはいっさい触れず、まるで他人事のように追悼の言葉を発し続ける姿を目にして、私は怒りを覚えた。

尹は献花後にこう繰り返した。

「安倍晋三元首相を追悼する特別な時間を、今日皆さんと共に過ごしました。安倍晋三元首相は、韓半島統一や世界平和のために開かれた希望前進大会と韓半島平和サミット運動に参加し、韓半島統一と平和運動の先頭に立ってきた方です」

安倍と旧統一教会の関係はＵＰＦに始まり、ＵＰＦで終った。

安倍本人に弁明する機会はもうない。だからこそ一層慎重に、この二十年ちかくの間、この国の中枢で何が起こっていたのかをファクトベースで検証していく必要があるだろう。

（文中敬称略）

（『文藝春秋』二〇二二年十月号／原題「統一教会〝安倍派工作〟内部文書」）

4

献金極秘文書が明かす変わらぬ体質

石井謙一郎

二〇〇七～二〇一〇年に相次いだ霊感商法の摘発。それに対し、二〇〇九年に統一教会は「コンプライアンス宣言」を行なった。だが、本当に変わったのか？　内部文書からは二〇〇九年以降も、年約六百億円という巨額の献金を集めてきたことが明らかになった。

若者が、学校や会社を突然辞めて家族と連絡を絶ってしまう「親泣かせの原理運動」が話題になったのは、一九六〇年代から七〇年代。壺や印鑑を高額で売りつける霊感商法が社会問題化したのは、八〇年代。有名人の参加で合同結婚式が騒がれたのは、九〇年代。しかし今世紀に入ってから、統一教会（世界平和統一家庭連合）に関する報道が下火になったのは事実。自民党幹部の口から「何が問題かわからない」という言葉まで飛び出す始末だ。

　筆者は一九九二年に『週刊文春』の特派記者となって以来、統一教会の問題を断続的に報じてきたが、この数年は記事を書いていない。その自省も込めて、統一教会がこの間に行なってきた反社会的行為の一端を、内部資料を基に振り返っておく。

　二〇〇七年から一〇年にかけて、統一教会が全国で展開していた霊感商法の会社が相次いで摘発された。容疑は、客を不安に陥れて印鑑などを高額で売りつけた特定商取引法違反。このとき、表紙から中身までまったく同じ「印鑑販売マニュアル」や「トークマニュアル」が各地で押収され、筆者は一部を入手した。

手相や姓名鑑定を入口に、相手やその家族が抱える悩みを聞き出し、原因に先祖の因縁があると説く。そして今こそ転換期だと吹き込んで、開運のために守護印が必要だと信じさせるクロージングへ持って行く。姓名鑑定トークの一部を引用しよう。

〈③長男・長女判断

「長男（長女）でしょう！」

当たれば…「今日初めての出会いですが、この画数の数意によって長男（長女）ということが分かります。不思議でしょう」

はずれたら…「そうですか…しかし二男、三男に生まれていても将来、親の面倒を必ず見ていかなければならない宿命にあります」

④病気判断

「私は医者ではありませんが…○○が悪い（弱い）でしょう」

※当たれば大袈裟に強調する！

注）病気が当った場合は特に大事にすること。これだけで印鑑を作ることが多い〉

人の弱みにつけ込む霊感商法の悪質さが、端的に表れている。さらに、客が購入を迷ったときの説得や断わったときの切り返しなど、トップセールスマン顔負けの話術が教示される。

高度な組織性が認められる

マニュアルの最後は【吉展ちゃん事件】トーク。一九六三年に発生した男児誘拐殺人事件を、事実無根の因縁話に仕立て上げている。

――殺された四歳の吉展ちゃんと犯人の小原保は無関係だと言われていたが、朝日新聞の記者が調べたところ過去帳が出てきて、実は七代前の先祖に因縁があるとわかった。

どちらも福島県の同じ村に住んでいて、両家の間を流れる川の水引き争いをしていた。吉展ちゃんの先祖は負けて怨み、小原の家の四歳の男の子を井戸に落として殺した。七代のちに反対のことが起こったのが、吉展ちゃん事件だ。これを因縁果報と言い、誰の家系にも起こる――。

遺族を冒瀆してやまないこのマニュアルを作ったのは、東京の有限会社「新世」の代表取締役を務めていたTという人物。新世も摘発を受け、Tらは逮捕された。検察官は法廷

で、

「実際に子どもが殺された事件を印鑑販売のトークに使うことに、罪悪感というのはなかったのですか」

とTを咎めている。新世が統一教会本部と同じ渋谷にあったことから、警視庁は本部の家宅捜索を検討した。ところが、警察庁出身の与党政治家からストップがかかったと言われる。

民事裁判では、統一教会の組織的な違法行為を認める判決が何度も出ていたが、刑事での認定は、この事件が初となった。しかも東京地裁の下した有罪判決は、特商法違反では前例がないほど重かった。判決文は、こう断じている。

〈被告会社は、（略）役員も販売員ら従業員も全員が世界基督教統一神霊協会の信者であるところ、（略）設立当初から長年にわたり、このような印鑑販売の手法が、信仰と混然一体となっているマニュアルや講義によって多数の販売員に周知され、販売員らはこのような販売手法が信仰にかなったものと信じて強固な意思で実践していた〉

〈統一教会の信者を増やすことをも目的として違法な手段を伴う印鑑販売を行っていたものであって、本件各犯行は相当高度な組織性が認められる継続的犯行の一環であり、この

点からも犯情は極めて悪い〉

和歌山県警は、印鑑販売の株式会社「エム・ワン」を摘発すると同時に、統一教会の和歌山教会へ家宅捜索に入った。時間差を与えなかったために証拠の散逸を防ぐことができ、教会のパソコンの中からエム・ワンの販売実績や達成率のデータが見つかった。エム・ワンの役員が、販売員の手数料について教会に報告していることもわかった。霊感商法と教会運営が渾然一体になっている実態が、ここでも裏付けられた。

統一教会は長年「物品販売は信者が勝手にやっていること」「販売代金が教会に入金されることはない」と強弁してきたが、詭弁に過ぎないことが明らかになった。今回の小誌の問い合わせに対しても、「当法人は収益事業を一切行っておらず、過去においても現在においても『霊感商法』を行ったことはありません。ご指摘の『印鑑販売のトークマニュアル』については、当法人は使用したことはありません。会員に対しては、活動する際は法令遵守を徹底するよう当法人は指導しています」と従来通りの回答を寄せた。

霊感商法による被害は、全国霊感商法対策弁護士連絡会が集計しただけでも、一九八七年から二〇二一年までに相談件数約三万四千件、被害合計は約千二百三十七億円に上る。物品の売上や信者からの献金は、大半が韓国へ送られ、豪華な施設の建設や関連企業の経営資金、教祖夫妻のぜいたくのために使われてきた。

筆者は二〇一一年九月八日号の『週刊文春』で、一九九九年からの九年間で約四千九百億円が韓国へ送金されていたことを報じた。最も多い月は二〇〇〇年四月で、約百九十四億円。年平均にすると、約五百四十億円が送られていた。

警察による一連の摘発を受け、統一教会は二〇〇九年二月にいわゆる「コンプライアンス宣言」を行なった。霊感商法を大っぴらにやりにくくなっても、韓国から求められる送金ノルマは減らない。その分、信者たちの苦難は増した。従来から厳しかった献金要求が、さらに厳しくなったのだ。その結果、山上徹也容疑者の家庭のような悲劇が、日本中に広がったのである。

二〇一二年二月十二日、ソウル北部地方裁判所で、ある刑事裁判の判決が下された。認定された事実として、次の文章がある。

文鮮明の指示で献金総額が決定

〈日本統一教会は、世界各国で行われる統一教会の事業を支援する募金の役割を主に担当して、本部の傘下に十二の地区、五十五の教区、二百八十五の教会で組織されており、本

部の会長とは別に、顧問格の総会長が、文鮮明総裁の意を日本統一教会に伝達しながら、日本国内献金募金を総指揮してきた〉

〈日本統一教会では、各地区、教区ごとに献金目標額を設定し、募金実績を確認して、各地域、教区別に統計を反映した実績表を出しており（以下略）〉

この裁判は、韓国人信者が「日本での献金活動に関する声明書」をネットに掲載したことが、日本を支配下に置いていた文総裁の四男・國進《クッチン》氏への名誉棄損に当たるか否かが争われたもの。裁判自体は、被告の無罪が二審で確定している。

右に引用した判決文のポイントは、〈顧問格の総会長〉自身の法廷証言によって、認定がなされた点だ。

日本の統一教会は、表に立つ日本人の幹部はお飾りで、韓国から派遣されてくる幹部が牛耳っている。当時、日本の責任者として全国祝福家庭総連合会総会長の職にあったのが、宋栄錫《ソンヨンソク》氏。二〇一一年十月二十日、検察側の証人として法廷に立った宋総会長に対して、日本での献金の実態を事細かに尋ねる質問が続いた。

〈弁護人　日本統一教会では、十分の一条以外に、甲七号証の一上の実績Bのための献金は、随時集められましたか。

宋　随時ではなく、常にです。日本は、献金を集めて世界各国を支援しなければなりません。

弁護人　期間を特別に定めるのでもなく、一年を通して献金を集めているのでしょうか。

宋　生活化しています〉

ここで言う〈十分の一条〉とは、一般のプロテスタント教会と同じく、収入の一〇％を献金すること。〈実績Ｂ〉については、集められた献金の総額がＡで、人件費などの運営費を除いた額がＢだと、宋総会長は説明した。全国の教会から、渋谷の統一教会本部へ送金される額がＢだ。

〈弁護人　文鮮明は包括的な意味で献金を奨励し、証人が教会長に話をして、今年の献金はこれくらいして欲しいと話しているのでしょうか。

宋　献金に関する年中統計グラフがありますが、それを見て、このくらいやってこそ、世界を助けることになるのではないかと話しています〉

〈裁判官　献金の規模や金額については、証人が、文鮮明の指示を受けて総額を決定して下部に伝えますが、証人は、文鮮明から伝達を受けて献金の使う場所や使い道について、すべて知っているのでしょうか。

宋　知っている部分もあり、知らない部分もあります〉

右の通り責任者自らの口で、日本統一教会の献金は、総額が決定され、随時ではなく常にするように督励され、実績表や統計グラフによって管理されている実態が、明かされた。統一教会は「献金は信者本人の自由意思によるもので、いくら献金するかは各自に委ねられている」と繰り返してきた。今回も小誌の質問に「世界宣教の支援や信徒らの教化育成、教会運営などは全て信徒からの個人献金によって支えられていますので、これら活動のための献金を信徒に奨励することがあったとしても、問題があるとは考えていません」と回答してきた。

しかし現役の信者は、こう話す。

「献金はノルマです。誰がいくら献金したか記録されていて、不払い分は払い終えるまで追及される。今はみんな金欠病なので、過去に遡ってノルマをこなしている状態です」

筆者が入手した内部文書からも、統一教会の〝嘘〟は暴かれる。次に掲載するのは、宋総会長が法廷で証言した〈実績表〉と〈統計グラフ〉だ。二〇一二年一月五日に開かれた「全国責任者会議」で配られた「復興局報告」と題する資料の一部。

表紙を除いて十五ページあるこの資料は、二〇〇九年から一一年までの献金の報告だ。

作成したのは復興局という部署で、統一教会において復興とは、献金を意味する。

　表1は、二〇一一年末における地区別献金のランキング。この頃、統一教会の組織は、北海道から九州まで十二の地区（ＪＫ）に分けられ、その下に六十四の教区（ＫＹＫ）があり、二百八十七の教会（ＣＨ）があった。

ＪＫ・KYK・CH 年間順位（12 / 29）

年間累計 JK 順位

	JK	B%
1	第10	136.0%
2	第1	122.5%
3	第3	116.3%
4	第2	105.9%
5	第11	102.3%
6	第7	100.2%
7	第5	98.0%
8	第8	95.8%
9	第4	93.5%
10	第6	85.8%
11	第12	80.8%
12	第9	79.2%

年間累計 KYK 順位

	KYK	B%
1	高知	272.1%
2	西北東京	204.2%
3	北長野	184.0%
4	香川	152.0%
5	佐賀	148.5%
6	三重	139.6%
7	埼玉	137.3%
8	徳島	136.7%
9	鳥取	131.5%
10	石川	126.6%
11	宮城	124.6%
12	南千葉	123.1%
13	北海道	122.8%
14	富山	121.1%

100%以上 :23 KYK

100 % 達成 CH

3倍達成：浦和CH
札幌南CH

JK	×2	×1
1	1	6
2	2	10
3	4	18
4		11
5	2	15
6		9
7	1	4
8	1	8
9	1	10
10	4	6
11		15
12		8
計	16	120

100%達成 :138 CH

表１　2011年末における地区別献金ランキング

　左側の表でランキングされているＢ％とは、地区や教区から本部へ送金される金額の目標に対する達成率。一位になっている第10地区は、四国のこと。最下位の第9地区は京阪神だ。

　一番右は、目標の一〇〇％以上を達成した教会が、地区ごとにいくつあったかを示している。企業が、営業所のセールス実績を競わせているかのようだ。

　表2は二〇〇九年から一一年にかけての、年度ごとの献金額と支出の内訳を比較している。「年度別ＴＤ推移」の「ＴＤ」とは「Thanks Donation＝感謝献金」の略だ。以下に記した金額は、表内の二

年度別TD推移			
IN	2009	2010	2011
TD in	445	475	498
KI	93	49	32
1/10	18	25	31
D	585	575	594
TD in 前年比	—	107%	105%

総入金〔D〕に対する全体比
◇KI％：16％→9％→5％ 減少
◇1/10K：3％→4％→5％ 上昇
◇TD in 2009年比：12％ 増加

OUT	2009	2010	2011
TD	230	255	295
KH	170	163	169
HS	145	132	105
HK	32	27	21
TD 前年比	—	111%	116%

総入金〔D〕に対する全体比
◇HS＋HK：30％→28％→21％ 減少
◇TD％：39％→44％→50％ 上昇
◇TD 2009年比：27％ 増加

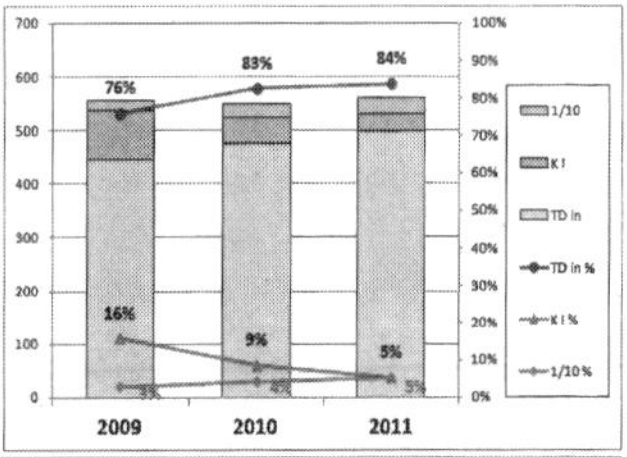

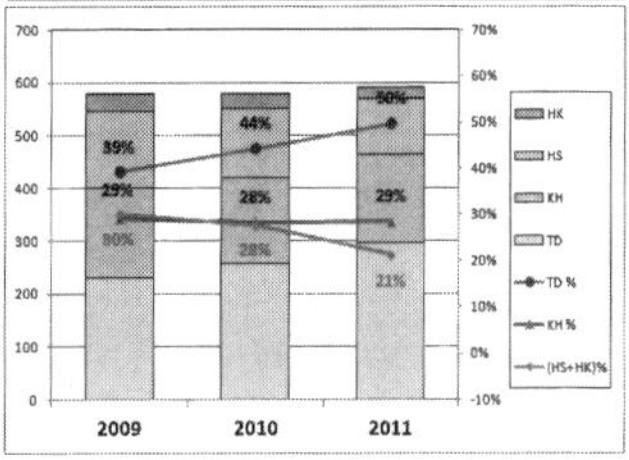

表2　2009〜2011年の献金額と支出の内訳

〇一一年のもの。

借金をしてノルマを果たす

表2は信者からの集金の内訳だ。

・TD in——感謝献金。四百九十八億円。

・KI——個人や金融機関からの「借り入れ」を示す。目標額の献金ができない場合、信者は借り入れをしてノルマを果たすことがある。三十二億円。

・1／10——収入の一〇％の献金で、三十一億円。

TD、KI、1／10、その他を合計した額がDで、集金の総額を示す。二〇一一年の総額は、五百九十四億円に達している。

左下の表は支出の内訳だ。

・ＫⅡ――「経費」。人件費を含む運営費のこと。百六十九億円。

・ＨＳ――左上の表の借り入れ（ＫＩ）に対する「返済」。百五億円。「ＫＩ」に対する比率の高さから、多額の借金を抱えていることがわかる。

・ＨＫ――法的な問題が生じて支払った「返金」。訴訟や、弁護士からの返金請求に応じて払った額で、二十一億円。

以上の三つや他の支出を除いた金額が、左下の表のＴＤで、本部へ送られる金額を示す。二百九十五億円。

右側の棒グラフは各年の合計額で、折れ線グラフは比率の推移を表している。

統一教会は、「当法人が作成した資料ではありません。また、当法人が『全国の地区や教会を献金額によってランキングしている』といった事実はありません」と答えた。

宋総会長の法廷証言も、これだけの額の集金も、彼らの言う「コンプライアンス宣言」以後に行なわれたものだ。二〇〇九年以降の三年間にも約六百億円ずつ集めたのだから、何が改まったといえるのか。

しかも資料にある献金額は、末端の教会から教区を通して本部へ送られる、いわば〝正規ルート〟のお金。下火になったとはいえ霊感商法の売上は、別にある。

また、信者が韓国を訪れる際に持参する現金も、ここには含まれない。先祖解怨式などのイベントに参加するために、信者が負担する費用だけではない。出国時に空港で封筒を渡され、韓国に入国すると回収される場合がある。中には、外為法が届け出なしで個人が持ち出せる限度と定めている百万円を超えない現金が入っている。

現在、日本の信者には、韓国の聖地・清平《チョンピョン》に建設中の「天苑宮」のための献金ノルマが課されている。金額は、一世帯あたり百八十三万円。文教祖が存命なら来年（二〇二三年）で百三歳。これに、韓鶴子総裁の年齢八十を加えた金額だ。期限は、完成予定の来年五月五日。この日は旧暦の三月十六日で、文教祖夫妻の聖婚（結婚）記念日に当たる。

この教団の体質は、何も変わっていない。

（『週刊文春』二〇二二年八月十八・二十五日号／原題「統一教会の嘘を暴く献金極秘文書」）

5　信者家族の苦しみは続く

石井謙一郎

今回の統一教会関連の報道では、信者の家族、宗教二世の被害がクローズアップされた。「被害者家族の会」への相談件数も激増している。さまざまな手段で信者の脱会を阻もうとする教団に、家族側はいかに立ち向かうか。

統一教会のマインドコントロールは、人の性格も外見も変える。就職したばかりの会社を辞めて献身（統一教会の仕事をすること）した二十歳の女性は、家を出て信者同士の共同生活に入り、霊感商法に従事した。

母は、たまに帰宅する娘の見た目の変わりように驚いた。おしゃれが好きだったのに古びた洋服で、髪型にも無頓着になったからだ。眼差しも、吊り上がるようにきつくなった。いつもお腹を空かせ、食パンの袋を開けるなり丸ごと一斤食べてしまうこともあった。

両親は脱会するように説得を試み、娘は「脱会する」と偽って逃げる。そんなことが五回も繰り返された。両親は脱会カウンセリングの専門家の助力を仰ぐと決め、娘と真剣に向き合うために父は会社を早期退職した。娘が脱会した後の手記で、父は振り返っている。〈心の問題であることに深く思いを致さず、単に統一教会から本人を離せばよいという形ばかりにこだわっていたのだ。本人の気持ちを心から理解しようとする努力、家族中で本

心から話し合える家庭を作り上げる努力、そんなところが欠けていたように思う〉

統一教会の信者は、山上徹也容疑者の母と同じく、「壮婦」と呼ばれる中高年の女性が中心だ。

「統一教会は『幸せな家庭づくり』を表向きのモットーに掲げ、どこの家庭にもある小さな問題をほじくり出して大袈裟に言い募り、解決するには信仰が必要だと偽ります。だから主婦が騙されやすい。夫が仕事ばかりで子育てに協力しないとか、姑との折り合いが悪いとか、入口は何でもいいんです」（元壮婦信者の夫）

五十歳の母を、半年かけて脱会させた大学生の息子が振り返る。

「入信した母は外出する機会が増え、いつも疲れていました。父は生活費だけ母に渡していたので、献金被害は大きくなかった代わりに、食事が質素になりました。安くてカサがあるせいか、冬瓜がよく出たのを覚えています（笑）」

父と相談して脱会させようと決めた理由は、

「キリスト教会で開かれる勉強会に通ってわかったのは、母は最初は被害者でも、伝道や霊感商法に手を染めたら加害者になってしまうということです。そうなる前に食い止めなければ、と考えました」（同前）

大学時代に入信した妹を脱会させた女性もこう語る。

「合同結婚式に出て家庭をもってしまえば、二世信者が生まれます。いまも二世のことが問題になっていますが、その子たちは苦しみ続けるだろうし、私にとっても、血の繋がりのある甥や姪と会えないかもしれません。早いうちに解決しなければ、と思いました」

脱会に向けた話し合いに入った途端、妹は「もう辞める」と宣言した。偽装脱会だ。しかし素人には見抜けない。父親が言う。

「我々も苦しいので、脱会すると聞いた途端に舞い上がってしまう。『ウチの娘は大したことなかったみたいです』とキリスト教関係者に言ったら、一笑に付されました。この問題は、専門のカウンセラーと脱会経験者がケアをしてくれなければ、決して解決できない。脱会後の喪失感も大きいので、受け止められる家族がいることもポイントです」

脱会が簡単にいかないのは、統一教会が「信仰に反対する親にはサタンが入っている」「話し合いだと言われても、実際は拉致監禁だ。応じてはいけない」と信じさせるばかりか、女性信者に対しては「牧師に捕まると強姦される」とまで吹き込んでいるからだ。

加えて昨今は、

「娘に脱会を迫ったら、こう言われました。『安倍元首相がイベントに祝電をくれたのよ。

変な宗教だったら、偉い人が応援するはずないでしょ？』。娘は本当にそう信じているんです」（現役信者の父）

　一年半に及ぶ話し合いの末に脱会した女性は、当時の心の内を明かす。

「脱会説得は、信仰を試される場だと教えられました。『信仰が足りないから、こういう苦難に遭うんだ。頑張って乗り越えなきゃいけない試練だ』と。統一教会を辞めたら悪いことが起こるという恐怖心や、死後の世界で苦しむという不安も植え付けられていました」

　彼女の妹が綴った手記には、こうある。

〈姉の話は矛盾だらけだった。中でも特に驚いたのが、「教義には間違いがある。一〇〇％正しい教えを知ってからやめれば、やめた人たちは救いようがない。だから神の愛で、わざと間違いがつくってあるのだ」というものであった。こんな常識で考えれば笑ってしまうような話を真剣に信じている姉に、とても驚いた。その他、霊感商法、ニセ募金、統一教会が説く真理のためなら嘘も許される等々、言っていることはめちゃくちゃだった〉

　脱会カウンセリングに長年携わってきたキリスト教関係者は言う。

「信者が脱会する決め手は、家族の愛情です。家族みんなが、こんなにも自分のことを考えてくれていたんだと知って、情に打たれる部分が大きい。統一教会で禁じられている〝自分の頭で考える〟ことができるようになるんです」

家族に対する信者の情が呼び覚まされたとき、「話し合いに応じてはいけない」という教えに背く気持ちが生じる。かつて、日頃は威厳に満ちている父の憔悴した顔を見て、真剣に話を聞こうと決めた信者がいた。仏壇にお参りを欠かさない母親が、ページの角が丸まった聖書を読む背中を見て、脱会を決めた信者もいた。

家族が地獄に落ちる

しかし、妹を脱会させた前出の女性が聞いたのは、予想もしない言葉だった。

統一教会は信者に「あなたには、家族を救う氏族メシアの使命がある。あなたが頑張らないと、お父さんもお母さんも、きょうだい全員も地獄に落ちる」と教え、恐怖を煽る。それに対して妹は、「家族の中で、なぜ私がメシアに選ばれたんだろう。こんなこと辛くてやめたい。でもやめられない」と、ずっと苦しんできたというのだ。

山上容疑者の母が多額の献金をしたのも、家族の幸せのためと信じ込まされたせいだ。家族を思いやる気持ちは、お互い変わらない。その気持ちを利用して家族を引き裂き、不幸にするのが、統一教会の罪深さだ。

家族には段階によって気持ちの変遷があると、前出のキリスト教関係者は言う。

「最初は『子どもを救い出したい。元の我が子に戻って欲しい』という純粋な愛情です。しかし統一教会に関する知識が増えるにつれ、どれだけ酷い団体かという認識が深まります。我が子可愛さを離れて統一教会の存在が許せないという考えに至れば、どんな犠牲を払ってでも取り戻そうという決意が固まります」

現実には、家庭をもった時点で諦めてしまう親もいる。一方で、生まれてくる子どもが新たな被害者だと考える親もいる。

三十五歳の娘が現役の信者で、合同結婚式を経て家庭をもっているという男性は、こう打ち明けた。

「今回、統一教会批判が高まって真っ先に気になったのは、娘の子どもたちにどんな影響が及ぶかということです。学校でいじめられたり、受験に差し支えるのではないか。批判を目にした娘が、自分の間違いに気付いてくれないものかと願っています」

韓国で家庭をもって十年になる娘の脱会を、決して諦めない母親もいる。

「連絡は絶えず取っています。どんなことがあってもあなたを受け入れるよ、という姿勢を示すためです。万にひとつ自分から辞めたいと思ったとき、帰って来られる場所でありたいのです。世間に向けて『ウチの子は信者です』と胸を張れる親はいません。それがなぜなのか、統一教会にはよく考えてもらいたい。『家族が統一教会に入ったおかげで、あの家はみんな幸せになった』と聞けば、誰もが競うように入信するでしょう。そうなっていないのは、統一教会が誰も幸せにしていないからですよ」

「全国統一協会被害者家族の会」は、定期的に相談会を開いたり、電話やメールで相談を受け付けている。今年（二〇二二年）の相談件数は、五月が六件。六月が十二件だったが、七月は百九件。八月も百三十六件と急増した。

「信者も家族も高齢化しているので、入信から三十年も四十年もたつ信者に関する相談が目立ちます。しかし諦めかけていた家族が、今回の騒動を機に考えを変え始めたようです」（同会）

　声を潜めていた家族たちも、統一教会を追い詰めようとしている。

（『週刊文春』二〇二二年九月二十二日号／原題「信者家族の告白『脱会を阻む〝恐怖洗脳〟』」）

6　合同結婚式で海を渡った日本人妻の悲劇

甚野博則

合同結婚式で韓国人男性と結婚、海を渡った日本人女性信者は約七千人にものぼる。彼女たちがどんな人生を送っているのか、現地で徹底ルポ。

首都ソウルから車で二時間ほど高速道路を走り続けると、利川《イチヨン》市という街に着いた。人口約二十万人の利川は、陶磁器の里として名高く年に一度の「利川陶磁器祭り」には、多くの外国人観光客が訪れる。中心部から少し足を伸ばすと、韓国有数の米どころというだけあって一帯には田園風景が広がっていた。

旧統一教会（現・世界平和統一家庭連合）の施設「利川国際文化センター」は、この街の中心部にある。建物に入ると、入口付近の机に葉書サイズのチラシが積み重なっていた。

〈利川市民のための憩いの場をオープンしました！　コーヒー一杯飲みに来てください〉

〈#日本の食べ物体験#ヘルスケア体験#祝福結婚説明会〉

ところがよく見ると、このチラシには、宗教団体の名前はどこにも見当たらない——。

「お会いできて光栄です」

そう言いながら握手を求めてきた中年の男性はキム・ジョンヨンと名乗った。彼は、旧統一教会の「利川家庭教会」で教会長を務める韓国人牧師だ。

キムとテーブル越しに向かい合ったのは二〇二二年八月二十日のこと。笑顔で部屋の中へ手招きした彼の表情はわずかに強張《こわば》り、時折、視線を泳がせながら、安倍晋三元首相殺害事件についてこう語り始めた。

「安倍さんについては（これまでの教団との関係に）極めて感謝しており、また、申し訳ない気持ちです。山上徹也容疑者の母が献金したのは二十年も前のことです。それを今になって教会に責任転嫁するのは、自分が社会に適合できなかったことへの言い訳ではないでしょうか」

旧統一教会の本部がある韓国で、現職の教会長がメディアのインタビューに応じたのは今回が初めてだ。

利川を訪れたのは、キムに会うことが目的ではなかった。この日の昼前に、街のコーヒーショップで佐藤絵里（仮名）と会う約束をしていたためだ。知人の伝手を辿ってコンタクトを取った佐藤は現在五十代の現役信者である。佐藤もまた取材を受けるのは初めてで、「何も隠すようなことはないですから」と、インタビューを受けることを承諾してくれたのだった。

キムによれば、この街には今、約百人もの日本人女性信者が暮らしているという。市内には二つ教会があり、利川家庭教会には現在、約四十人の日本人女性信者が所属する。最年少の日本人は二十代で一児の母。彼女たちは、合同結婚式で韓国人と結婚し、海を渡り見知らぬ土地で暮らし続けている日本人妻たちである。

七千人の日本人花嫁

佐藤やキムの話に触れる前に、まず韓国に嫁いだ日本人花嫁について説明が必要だろう。旧統一教会関係者によると、韓国人男性と結婚し、今も韓国で暮らす日本人女性信者は、約七千人にものぼる。そのカップルのあいだに生まれた二世や三世を含めれば、人数はさらに膨れ上がるだろう。彼女たちが暮らしている場所はソウルのような大都市ばかりではなく、むしろ漁農村地帯や山間部など田舎の市町村も多いという。

教会内では結婚を「祝福」と呼び、日本人女性と韓国人男性の結婚は「韓日祝福」となる。教祖である総裁・文鮮明が生きていた頃は、結婚相手は総裁がじきじきに決めていたとされる。男女の写真を見て総裁がマッチングしてくれたと信じられているのだ。

一九九〇年代に結婚した信者によれば、日本人信者が合同結婚式に参加するには、数十万円の参加費に加え「感謝献金」という名目で百四十万円の費用がかかった。一方で韓国人の男性が参加する際は無料。信者でない韓国人も百四十万ウォン（約十四万円）を支払えば参加できた。

統一教会の合同結婚式が世間の注目を集めたのは、桜田淳子や山崎浩子、徳田敦子などが参加した九二年頃。この年は三万組の男女が祝福に参加し、信者からは「三万双」の祝福と呼ばれた。九五年は「三六万双」、九八年は「三億六千万双」といわれる。実際にそれだけの数のカップルが誕生したことを確認することはできないが、九〇年代から国際祝福カップルも急増し、多くの日本人が韓国に嫁いだ。それから約三十年の時を経て、再び彼女たちは表舞台に姿を現すことになる。

「独島は我が領土」

八月十八日午前、韓国の山岳地帯・清平《チヨンピヨン》にある教団施設「ＨＪグローバルアートセンター」。

〈日本がエバ国として最後の陣痛を経験している。指導者たちは恐れるな、強く大胆に出て行け、悶着は過ぎ希望に満ちた新日本が誕生するだろう。大胆に出て行け。勝利せよ〉

壇上に鎮座した、ピンクのカーディガンに黒いサングラス姿の女性が怪気炎をあげる。

旧統一教会のトップ、韓鶴子《ハンハクジャ》総裁（79）だ。その日は「在韓日本宣教師会四十周年記念特別集会」が開かれ、韓国全土から招集された在韓日本人女性信者たちが会場につめかけていた。

旧統一教会の聖地・清平はソウルから車で二時間半走った山中にある。教団の世界本部であり、一帯には教団施設が立ち並ぶ。建設費用には「日本からの献金が多くつぎ込まれている」と報じられる場所だ。

山の八合目あたりに、総工費約三百億円ともいわれる白い聖殿「天正宮博物館」がそびえたつ。その天正宮の少し下では、来年（二〇二三年）完成予定の「天苑宮」の建設が急ピッチで進められているが、こちらも総工費が約三百億円を優に超える白い宮殿風の建物だ。左手の山頂には、山上の兄が入院したとみられる「ＨＪマグノリア国際病院」。その麓には「ヘブンGバーガー」という教団のハンバーガーショップやウリィ銀行がある。山間の町全体がまるで巨大なテーマパークのようだ。

「ＨＪグローバルアートセンター」は、二万五千人を収容する巨大なホールで、文鮮明の葬式も二〇一二年にここで行われた。入口に〈統一の先駆者〉という垂幕がかかり、文鮮明と北朝鮮の金日成主席が抱き合う写真が掲げられていた。日曜日になるとセンター周辺には綿菓子やたこ焼きなどの露店が並び、子ども連れの信者の姿が目立つ。子どもたちがトランポリンなどで遊ぶ姿を眺めていると、ホールから「独島は我が領土」と歌う童謡が聞こえてきた。

八月十八日、ここで集会を終えた日本人女性信者たちは、赤い手提げ袋を持っていた。袋には「一和《イルファ》」の文字。一和とは旧統一教会系企業の一つで、高麗人参をはじめとした食品や飲料製品の製造や輸出を手掛ける企業だ。韓国での旧統一教会は、宗教だけでなく、不動産からリゾート開発、建設業やメディアなど多くの系列企業があり、企業グループとしての顔も持つ。

この日、日本人女性信者一行は七十一台の大型バスに乗ってソウルへと向かった。午後二時、彼女たちが再び姿を現したのは、ソウル中心部光化門前の広場だった。

彼女たちが参加したのは、日本メディアへの抗議デモ。主催者は旧統一教会の「在韓日本信徒メディア被害対策委員会」で、日本人女性信者を中心に三千五百人が集結した。彼女たちはバスから降りると、日本語と韓国語で〈宗教弾圧を許すな〉〈ヘイトスピーチをやめろ〉などと書かれたプラカードや白と水色のサンバイザーを受け取り、デモに加わっていく。彼女たちを警備、誘導する若者たちは二世・三世の信者たちだった。

壇上でマイクを握り、旧統一教会に関する一連の報道を日本メディアの歪曲だと訴えていた副委員長・山田タエ子は、日本からデモに参加したという。デモ終了後、その山田に話を聞こうとすると、

「あ〜しゃべったらダメって言われてる。良心に聞いてください」

そう言って取材を拒んだ。一体どこが歪曲なのか、再び質問を投げかけてみた。すると突然地面に鞄を投げ捨てる。そして、しゃがみ込んで額を鞄に近づけると、

「ここに鞄があったら、（あなたは）ずっとこうやって見ている。アリの目で見ない。鳥の目で」

と言い残して立ち去った。

文鮮明の反日教育

日本人女性信者にとって韓国に嫁ぐことはどんな意味を持つのか。二世信者で韓日祝福を受けた冠木《かぶらぎ》結心《けいこ》（今は脱会）はこう話す。

「統一教会では、神の使いメシア（文鮮明）のいる韓国が天に近いアダムの国（父の国）として神聖化されています。その一方で、日本はエバの国（母の国）とされ、韓国に対し

て罪を犯した国とされている。だから、韓国が上で日本が下。私自身、韓国人はイスラエルの民（＝神に選ばれた特別の民）だと信じていました」

教祖・文鮮明の教えは今も冠木の頭から離れない。

「日本人には選民であるうら若き韓国の乙女を従軍慰安婦とした過去の罪がある故に、韓国の乞食と結婚させられたとしても感謝しなければならない」

高校生の頃から教会で、教祖の教えを基にした反日教育を受けてきた冠木は、九五年に合同結婚式に参加し韓国人の男性と結婚した。結婚相手は中卒で二つ年下の男性。日本で新婚生活をはじめ子供も生まれたが、夫のＤＶが酷く離婚した。

それでも「夫婦にならないと天国に行けない」との教えに従い、二〇〇二年に二度目の合同結婚式に参加し韓国に渡った。再婚した夫は結婚式前まで「八歳年上の大卒」と聞かされていたが、実際は「十四歳年上の日雇い労働者」だった。その夫は金の使い込みから蒸発し、一家は夫が逃げ込んだ山間部の集落で約十年間プレハブ生活を送った。どんなに辛い暮らしにも贖罪《しょくざい》のためだと言い聞かせ耐えてきたという。

脱会のきっかけは、十年前の教祖の死だった。文が肺炎で亡くなると「不死身とされていたメシアが、こんなにあっさり亡くなるなんて……」と洗脳が解けたという。その後、夫と別れ子供を連れて帰国。孫を洗脳しようとする母との縁も切った。

牛の横で身体を洗った

そんな冠木と同じく、既に脱会をした五十代の小川良子（仮名）が韓日祝福を受けたのも同じ九五年だ。

「祝福の日まで、相手の男性は写真でしか見たことがありませんでした。写真の裏にプロフィールが書いてあって、事前にわかっていたのは、中学卒業後、農業に従事してきた二十八歳ということくらいです」

そう語る小川も当時二十八歳。献身（入信）から約二年後のことだ。

結婚生活初日、義兄の運転する車に乗って教会から嫁ぎ先へと向かった。車は延々と走り続け、教会からは歩けないほどの山奥へ。舗装もされていない山道には街灯もなく、その先にポツンと家があった。

敷地には平屋建ての母屋が一つ。それに牛小屋があったという。母屋は十畳ほどの部屋が一つと四畳半程度の部屋が一つ。台所と風呂はあるがトイレは屋外。土を掘った穴の上に板を乗せた簡素なものだった。

「私と主体者（夫）、それに主体者の妹と義兄夫婦、そして義母の計六人で住むには手狭な家でした。そのため、牛小屋の隅にある休憩部屋が私たち夫婦の部屋になりました。戸を開けると牛がいるため臭いがつらかった。お風呂は四日に一度程度。それ以外の日は、ホースから水を出し、家族の視線から隠れるようにして牛の横で身体を洗っていました」

そんな小川の一日は、義姉が作る朝ごはんの手伝いから始まる。朝食を終えると畑作業をして昼食を手伝う。その後、夕飯まではのんびりと過ごせた。町にある教会は遠いため、車での送迎が必要だった。

「主体者が教会に来たのは最初のうちだけでした。夕方に夫婦で集まる会にも来てくれない。私も怒って一人で徒歩とバスで教会まで通ったこともあります。『私のことを心配してくれないのかな』と思いながら、暗い山道を歩いて帰りましたね」

スーツにサンダル姿の新郎

結婚した韓国人男性に、信仰心がないことが海を渡った日本人妻たちに共通する悩みの種であった。出会いの少ない漁農村で暮らす男性にとって、統一教会は働き者の嫁を斡旋してくれる〝結婚斡旋所〟になっていた。小川の夫も統一教会で禁止された飲酒をやめず、小川が注意しても取り合わなかった。あくまで結婚が目的の〝俄《にわ》か信者〟だったのだ。

釜山《プサン》から車で三時間以上離れた山間部に嫁いだ高橋春子（仮名）も韓日祝福を受けた一人だ。

「初めて祝福相手の写真を見たときは、『ああ、この人と結婚するんだな』としか思いませんでした。農家の長男で私よりも一歳上。写真に写った彼はスーツを着ているのに、足元はサンダル履きでした」

祝福から一年弱で義父、義母、主体者、そして高橋の四人の暮らしがはじまった。

「最初、私は韓国語が話せず、相手も日本語ができなかったので、家族との会話はほとんどありませんでした。私を迎え入れるにあたって冷蔵庫や洗濯機も揃えてくれるなど、今思えば比較的恵まれていた。

ただ、違和感はたびたびありました。たとえば教会長から『伝道はしなくてよい』と言われたこと。下手な韓国語では相手に間違ったことを伝えてしまうから、というのが理由です。伝道のために韓国に来たはずなのに、これでは何のための祝福だったのかと悩みました」

ある時、夫が高橋と結婚する前のことを話してくれた。

「夫が『みんなで写真を見せあって、君が一番可愛かった』と言ってくれました。でもその言葉を聞いて、『あれ？』と思ったんです。私は真のお父様（文鮮明）から、この人を選んでもらって祝福を受けたはずなのにどうしてだろうと」

そうした疑問を抱えながらも高橋は結婚生活を続け、その後、子供を授かった。そして日本にいる祖母に孫の顔を見せるため帰国する。

「当時私が所属していた教会で、日本人女性が一時帰国した後帰らなかったことがありました。だから、私が日本に行くと言ったら、家族に反対されて。教会に所属する他の日本人からも、『帰らない方がいい』と言われたことを覚えています」

帰国後、家族や脱会支援者の説得の末、彼女は洗脳が解け、二度と韓国に戻ることはなかった。

月二万円の生活費

利川で会った佐藤絵里は、ハンチングを目深に被り、柄の入ったシャツに黒いパンツ姿で現れた。人懐っこく笑いながら、「東京からですか？」と気さくに話しかけてきた。

佐藤が統一教会に献身したのは二十四歳のとき。学生時代、本格的にスポーツに打ち込み、プロを目指していた彼女は十九歳を境に身体の不調を感じ始め、「私の先祖に何かあるのかな」と漠然と考えていたという。信心深い性格なのか、彼女は知人を頼り、いくつかの宗教団体で話を聞くうちに、統一教会と接点を持つようになった。

「綺麗ごとばかりいう宗教が多い中、純粋に信仰する人たちを見てその場の雰囲気に流されていったんです」

ほどなく入信すると、通称「マイクロ隊」の一員として信者たちとワゴン車に乗って食品などを訪問販売したり、一週間断食したりした。当時の活動を振り返り「楽しかった」と言う。

佐藤が韓日祝福を受けたのは九七年、三十歳のときだ。

「私の入信の最大の目的は結婚だったんです。この世の愛とか男性を信用できなくて、恋愛もできずにいた。自信もなかった。そんなときに世界の中で自分に合う人を選んでくれると聞いて……。しかも韓国人はすごく愛してくれるというから」

佐藤は、ワシントンで行われた合同結婚式に出席したが、夫となる韓国人は来なかった。後日、韓国での祝福式で初めて対面する。

「旦那は私を『夢のなかで見た』って言うんです。私が高校生のときの姿を見たらしいんです。祝福式のときに私の手をとって『あの人だ』ってわかったと。旦那に信仰心はありません。だけど女性として愛してくれて幸せになるのだったら、神の愛として受け止めて返していこうと」

そんな彼女も初めて夫の家を見たときは、「豚小屋かと思った」と苦笑まじりにこう話す。

「日本では多少裕福な家庭で育ちましたから、半地下の家を見て凄い所だなって。結婚当初、旦那は造園業の見習いだったため家は貧しく、月の生活費は二万円くらいしかもらえなかった。だから家で穫れた野菜を街で物々交換して凌ぎました。欲しい物があれば、自分のネックレスや指輪を売ったこともありましたね」

「従軍慰安婦の霊が……」

そうした貧しい生活の中でも、献金は求められたという。

「韓国では献金も嫌だったら断れるんですけれど、自分で判断できなくなっていく人もいます。私は収入の十分の一の献金を求められても、それよりも少額しか払わなかった。八万円の高麗人参を四つ買ったこともあります。後で知ったのですが、市価は一万円くらいらしくて。でも損をしたとは思わない。私は甲状腺に異常があって、その人参を飲んで治った。後悔するかどうかは、結局自分が決めることです」

佐藤は聖地・清平を何度も訪ねている。

「（記者のあなたが）信じるかどうかは自由ですけど、私、子供がなかなかできなくて、あるとき清平の四十日修練に行ったら、子供を授かったんです」

あの山上容疑者の母親も、まさに清平での「四十日修練」に参加し信仰を続けた一人だった。清平で行われる「修練」とはどういうものか。取材で出会った祝福二世に尋ねるとこう解説してくれた。

「修練のメインは、数百人が集まり聖歌にあわせて全身をバチバチと叩きながら細胞に入り込んだ悪霊を追い出す『役事』という儀式です。そのほかにビデオの視聴、講座、祈禱、奉仕活動、原理講義などもあります。

こうした修練のなかで、徹底的に反日思想を植え付けられます。日本人には韓国人女性を慰安婦にした先祖の罪があり、先祖の悪霊がついていると講師から何度も責められ、罪悪感が芽生えてくる。過去の罪を償い悪霊を祓うためには、清平で修練し献金をしなければいけない、と強迫観念に駆られていくわけです」

造園業の見習いに嫁いだ佐藤も反日思想を教え込まれた。

「個別に相談したくてテモニム（大母様）の個人祈禱を受けたこともありました」

テモニムとは、文鮮明の妻韓鶴子の亡き母の霊が身体に入ったとされる女性霊媒師のこと。つまりイタコだ。信者にとっては文鮮明や韓鶴子に並ぶ特別な存在だという。

「悪い先祖の霊をみてもらって先祖解怨（注・先祖を慰霊するという意味）をしてもらうために、小部屋に入るとテモニムと通訳がいました。私には言いませんでしたが、子どもができない信者に、『従軍慰安婦の霊が子どもの種が流れないよう子宮を掴んでいる』と言ったと聞いたことがあります。耳が不自由な孫が生まれた信者に、昔、豊臣秀吉の朝鮮出兵の時に朝鮮人の耳を切り落として壺に入れていた日本の武士の話をして、『その耳壺があなたの家の庭にあるから掘ってみなさい』と言うので庭を掘ってみたら、本当に壺があったという話も聞きました」

先祖解怨をするにも献金が必要だ。先祖の怨念という恐怖心を煽り、献金を集める。信仰のなかに巧妙な集金システムが組み込まれている。佐藤が相談したテモニムは、家族ぐるみの横領疑惑で二〇一五年頃に教会から追放された。取材を申し込むと、代理人を通じて「今は静かに暮らしており、霊媒師はやっていません」と返事があった。

佐藤はいまも信仰を続けているが、教団に対して全く疑問がないわけではない。「平和」や「家庭」を謳っておきながら、文鮮明の死後に起きた子供たちの内紛劇は、信者として理解に苦しんだという。

「でも教会から心が離れていたとき、子どもが交通事故に遭いそうになったことがあって。乳母車のストッパーが壊れて大通りに飛び出しそうになった。間一髪助かりましたが、そのとき、やっぱり清平にいかなきゃと思って、また信仰を始めました。旦那とは離婚を考えたこともありますが、今は仕事も安定し四人の子どもにも恵まれ、彼も変わった。教会には感謝しています。他にも幸せに暮らしている家庭はあるんです。今こそ統一教会がどんな団体か、世間に伝えるチャンスなのに周りの信者は語ろうとしない。だから私はこの取材を受けようと思ったんです」

佐藤は自らの身に起きた奇跡を熱心に語った。だが、苦しんでいた病気が治ったり、子どもを授かったりすることは本当に奇跡なのか。彼女の話の端々に、偶然の出来事を信仰のおかげと信じ込んでしまう危うさを感じた。

教会長の息子の嫁も日本人

佐藤に「教会へ行ってみたい」と頼んでみると、快く応じ教会へ連れて行ってくれた。そうして出会ったのが冒頭で触れた利川家庭教会長のキムだった。

入口の石段を上ると、正面に学生礼拝堂や事務室が入る平屋建ての建物、左手に緑色の三角屋根の小さなチャペルがあった。礼拝堂内には文鮮明の写真や「許して、愛して、一つになって」と墨で書かれた書が飾ってある。

「え？　日本人？」

教会の中をぐるりと一周したところで、事務室から出てきた日本人女性に声をかけられた。怪訝そうな顔をして「食口《しっく》（注・信者）ですか？」「マスコミじゃないですよね」と矢継早に質問をしてくる。取材で来たことを伝えると、強い口調で本部の許可を得るように言った。佐藤は恐縮した表情を浮かべていたが、女性は、「とにかく今から教会長のところへ行ってください」と話し、私は教会と隣接する建物に連行され、キムに会った。

「私は息子が二人いますが、次男のお嫁さんが日本人です」

キムにとって韓国に移り住んだ日本人女性はどういう存在なのかと聞くと、次男の嫁について話しはじめた。彼女は高校卒業後すぐに韓日祝福を受け、韓国で大学院に通い、今は韓国のＳＮＳ「カカオトーク」で働き、四百万ウォン（約四十万円）の月収を得ていると語った。

「真の平和とは国家の垣根を越えること。日本の奥さんたちは日韓関係の和解に大きく貢献しています。今日もソウルから教会の講師が来て、女性信者たちが子どものしつけについて学んでいたんですよ」

だが、日本からの献金、霊感商法問題はどう考えるのか。

「教会のために五％も使っていません。全て世界平和のためです。日本の信者も全員が霊感商法をしていたわけではない。バスが横転し、たくさんの人が死んだからといって、バスを無くすと言えるでしょうか」

「反日の呪縛」

八月下旬、ソウル市内の麻浦《マポ》というビジネス街を訪ねた。その一角に建つ旧統一教会所有のビルには、「世界平和統一家庭連合維持財団」や「孝情グローバル統一財団」といった教団の中核団体、それに安倍がビデオメッセージを送ったUPF（天宙平和連合）本部が入居し、世界本部の出先機関にもなっている。

出勤してきた世界本部の広報責任者である対外協力本部長アン・ホヨルに取材主旨を伝

えた。日本のメディアだとわかると急に不機嫌な顔になり、手を左右に大きく振って「取材は受けません。何も言うことはありません」と言って質問を受け付けなかった。

日本人の女性信者はなぜ海を渡り韓国で暮らすのか――その疑問を解く鍵は、「盲目的な文鮮明への崇拝」と「反日の呪縛」ではないか。今も七千人の日本人妻たちがその二つを抱えて生きている。

取材中、佐藤が何度も語った言葉が忘れられない。

「うちらには先祖の罪があるから」

（文中敬称略）

（『文藝春秋』二〇二二年十月号／原題「韓国ルポ　日本人妻の奉仕と呪縛」）

7　教義から見た統一教会

伊藤達美

著名人の合同結婚式への参加などが大きな話題を呼んだ一九九二年。政治評論家の伊藤達美氏はその教義を記した「原理講論」を入手、その独自の世界観を詳しく紹介した。「今こそ多くの政治家たちに根本的な問題点を理解してほしい」と伊藤氏は語る。

合同結婚式や有名タレントの入信で一躍名を馳せた統一教会。そのあり方をめぐっては賛否が分れる中、依然として活発な布教活動を繰り広げている。

しかしながら、これほど著名になった宗教にもかかわらず、教義はどういうものか、どんな世界観、歴史観、対日観をもつ宗教なのかは一般人にはほとんど知られていない。彼らは何を目指し、また日本において何を目的として布教を行なっているのか。この疑問を解くカギはその教義「統一原理」を記した「原理講論」（注・当初は「原理原本」）という一冊の本の中にある。

この本は、教祖・文鮮明が話したことを弟子がまとめたもので、統一教会の教義はもちろんだが、政治、経済、歴史、哲学、あらゆる分野を論じた実に不思議な世界観を示す奇妙奇天烈な内容になっている。以下、「原理講論」を仔細に読んでいくことで、統一教会の深部を探っていきたい。

統一教会は正式名称「世界基督教統一神霊協会」といい、キリスト教を標榜するキリスト教亜流の新興宗教である。

一九五四年（昭和二十九年）五月一日、韓国人の教祖・文鮮明によって韓国・ソウルで創始された。日本に初めて、統一教会が入ってきたのはそれから四年後の一九五八年（昭和三十三年）。宗教法人として東京都に届け出たのは一九六四年（昭和三十九年）、ちょうど東京オリンピックが開催された年のことだ。

統一教会はキリスト教の亜流であるため、教典は一応、旧約と新約二つの聖書ということになっている。だが、事実上のバイブルが「教理解説書」と教団側の説明する「原理講論」という一冊の本であるのは周知のことだ。「原理講論」は統一教会が聖書の奥義を解明した、〝新しい真理〟と主張するいわゆる「統一原理」を説いた本である。

この「原理講論」は一九六六年（昭和四十一年）、ソウルで出版された。日本語版は翌六七年に出ているが、当初は「原理解説」という表題の粗末な冊子だった。この年の六月十二日、教祖・文鮮明は日本の信者たちにこの「原理解説」を〝伝授〟する目的で来日している。

日本語版「原理解説」が、「原理講論」となったのは昭和四十二年十月。その後、改訂や改版を重ね、最新版は「平成四年七月十日第三版二十二刷発行」となっている。

さて「原理講論」とはいかなるものなのか。ざっと構成をながめると前・後編に分れ、前編が七章、後編が六章からなり頁数は実に六百四頁。かなりの大著といってよい。だが、その内容は「創造原理」「堕落論」「復帰原理」という独特の三つの〝理論〟で展開される、単純な善悪論といえる。

簡単に要約すると、「創造原理」というのは神の創造理想、つまり神が人間を創造した目的、神と人間の関係、神と地上世界の関係、人間と自然の本来あるべき姿などを説いたもの。

そして山崎浩子や飯星景子が、入信するきっかけとなったのが「堕落論」。この「堕落論」こそ統一教会を特徴づける教義といえる。「堕落論」では、旧約聖書の中で、人類始祖とされているアダムとエバが、神の戒めを破って「善悪知るの木の実」を取って食べ、それが人間の堕落となり罪の根となったという有名な原罪論を引用し、その〝奥義〟なるものを詳細に説いてゆく。

例えば、こんな調子だ。①エバを誘惑した蛇の正体は天使長ルーシェルである　②サタンの正体は堕落した天使長ルーシェルである　③「善悪知るの木」は完成したエバを比喩

したものである　④「善悪知るの木の実」はエバの愛を意味する　⑤人間の罪の根（原罪）は淫行により生じた――など。

「堕落論」によれば、人類始祖のアダムとエバは神の息子、娘として神の戒めの期間を守り、神の祝福の下、夫婦となって善の子女を繁殖し、万物を主管し地上に神の国・地上天国を開く立場にいた。ところがエバは、自らの立場を逸脱して蛇の姿を借りた天使長ルーシェルの誘惑に負け、神の戒めを破り、ルーシェルとの淫行によって霊的（心）な堕落をした。霊的に堕落したエバはサタン（悪魔）の血を受け継ぎ、本来の夫となるべきアダムと性関係を結ぶことによって、霊（心）肉（体）二重の堕落状態に陥ってしまった。

その結果、「人間は堕落した状態にとどまっている限り、何らの価値もない存在」（「原理講論」二六一頁）になったと断定している。本来、神を中心とした地上天国を建設すべきだった人間は、人類始祖の堕落により、サタンを中心とした罪悪世界、地上地獄をつくってしまった、というのである。

文鮮明こそ再臨のメシヤ

そのうえで、「原理講論」では「復帰原理」において、人類史は神による堕落した人類の救済の歴史である、と説く。堕落した人類を救済しようとする神と、これを妨害しようとするサタンの善悪闘争史が人類史だというのだ。で、神は人類の救済のためにイエス・キリストをメシヤ（救世主）として地上に送った。しかしイエスは霊的救済には成功したが、肉的救済には失敗した。こうして「復帰原理」は、イエスにメシヤとして失格者の烙印を押した上で新しいメシヤ（再臨主）の出現を告げる。この再臨主によって、堕落状態にある人類は霊肉共に救済されなければならない、というわけだ。

まず「創造原理」で希望を与え、「堕落論」で失望させ、「復帰原理」で再び、希望を与える。実に単純な論法だが、「原理講論」の核心は、この論法にあるのではない。要は再臨主がどこの誰かということだ。

その点について「原理講論」には、こう明記されている。「神は、既にこの地上に、このような人生と宇宙の根本問題を解決されるために、一人のお方を遣わし給うたのである。そのお方こそ、すなわち、文鮮明先生である。先生は、幾十星霜を、有史以来だれ一人として想像にも及ばなかった蒼茫たる無形世界をさまよい歩きつつ、神のみが記憶し給う血と汗と涙にまみれた苦難の道を歩まれた。人間として歩まなければならない最大の試練の道を、すべて歩まなければ、人類を救い得る最終的な真理を探しだすことはできないという原理を知っておられたので、先生は単身、霊界と肉界の両界にわたる億万のサタンと闘い、勝利されたのである。そうして、イエスをはじめ、楽園の多くの聖賢たちと自由に接触し、ひそかに神と霊交なさることによって、天倫の秘密を明らかにされたのである。

ここに発表するみ言《ことば》はその真理の一部分であり、今までその弟子たちが、あるいは聞き、あるいは見た範囲のものを収録したにすぎない。ときが至るに従って、一層深い真理の部分が継続して発表されることを信じ、それを切に待ち望むものである」（同三八頁）

このように「原理講論」というのは、実は文鮮明こそが、再臨のメシヤであるということを宣布するための本に他ならない。

文鮮明は、統一教会の公表するところでは、一九二〇年一月六日（旧暦）、朝鮮半島・平安北道定州（現・北朝鮮）に生まれた。一九三五年（昭和十年）、十六歳の時、キリスト教の「復活祭」の朝、文少年は、イエスの復活に思いを馳せ、民族と人類の前途を祈り、その瞬間、イエス・キリストの啓示を受けたのだという。

イエス「皆、私を通して天国に行こうとしている。しかし、天の法道がある。人類の救援摂理を全うしてほしい」

文少年「私には出来ません」

イエス「あなた以外にない。あなたがやって下さい」

韓国語でこんなやりとりがあったという。

一九四五年（昭和二十年）十月から六カ月間、文鮮明は、「洗礼ヨハネ的人物」と統一教会が説明している金百文のイスラエル修道院で過ごす。金百文が文鮮明を再臨主と認めなかったことから、彼は共産主義下の北朝鮮で布教を開始する。しかし、間もなく、スパイ容疑で北朝鮮に逮捕された。ここで拷問を受けた文鮮明は、仮死状態のまま雪の中に放置されたが、九死に一生を得る。

再び布教を開始した文鮮明は、社会秩序妨害罪で再逮捕され、懲役五年の有罪判決を受け、北朝鮮・興南強制収容所に送られる。硫安工場での強制労働を迫られていた囚人番号五九六番の文鮮明を救ったのは、朝鮮動乱に参戦したマッカーサー元帥の国連軍であった。

救出された文鮮明は、一九五四年（昭和二十九年）五月一日、韓国ソウルに「世界基督教統一神霊協会」の看板を掲げ、本格的な布教活動を開始していく。一九六〇年（昭和三十五年）には、現夫人の韓鶴子女史と三度目の結婚をし、一九七三年（昭和四十八年）、文鮮明は家族とともに渡米。アメリカ二十一都市で講演活動を展開し、国際的な布教を行なうようになる。ウォーターゲート事件ではニクソン擁護で動くなど、この頃から、政治活動も積極的に行なっている。さらには文鮮明は「共産圏の解放」を標榜して、崩壊寸前のソ連を訪問、ゴルバチョフ大統領（当時）と会見し、経済援助を約束する。が、その後、ゴルバチョフは失脚し、援助は実現しなかった。また昨年（一九九一年）、電撃的に生まれ故郷の北朝鮮を訪問、金日成主席と会見、ここでも経済援助を約束してきた。

日本はサタンの国

「統一原理」に触れた若い信者たちの使命感をかり立てているのが、「復帰摂理歴史と『私』」の一節である。

「『私』という個性体はどこまでも復帰摂理歴史の所産である。したがって、『私』はこの歴史が要求する目的を成就しなければならない『私』なのである。（略）我々は、復帰摂理の完成者として来られる再臨主を通して、それらのことに関するすべてを知り、また彼を信じ、彼に侍り奉り、彼と一つになることによって、彼と共に、復帰摂理歴史の縦的な蕩減《とうげん》条件を横的に立てて得た立場に立たなければならないのである」（同二八七―二八八頁）

　統一教会が合同結婚式を最も重要視しているのは、それが文鮮明をメシヤとして受け入れる重要な儀式だからだ。「祝福」と呼ばれる合同結婚式は、救世主である文鮮明につながることによって、信者たちの原罪が清算されることを意味している。だから文鮮明を再臨のメシヤと信じる信者たちは、原罪が清算されるという一点を信じて教祖の指名する異性を無条件で受け入れることができるのだ。

では、何故に文鮮明がメシヤなのか？　その点についても「原理講論」は詳細に説明している。例えばこうだ。

「イエスは、アブラハムの血統的な子孫たちに再臨されるのではなく、彼らの遺業を相続して実を結ぶ国に再臨されることを我々は知り、また、実を結ぶ国は、東方の国の中の一つであることも知った。古くから、東方の国とは韓国、日本、中国の東洋三国をいう。ところがそのうちの日本は代々、天照大神を崇拝してきた国として、更に、全体主義国家として、再臨期に当たっており、また、以下に論述するようにその当時、韓国のキリスト教を過酷に迫害した国であった。そして中国は共産化した国であるため、この二つの国はいずれもサタン側の国家なのである。したがって端的にいって、イエスが再臨される東方のその国は、すなわち韓国以外にない」（同五八六頁）

ここでは、再臨のイエス・キリストが韓国に現われると明確に主張している。そして、日本は「サタン（悪魔）側の国家」と規定される。これは、われわれ日本人が統一教会を知る上で最も重要な点だ。

日本が、「サタン側の国家である」という記述はほかにもある。

「第二次世界大戦は、民主主義によって結託した米、英、仏の天の側国家と、全体主義によって結託した独、日、伊のサタン側国家との対戦であった」「枢軸国の中心であったドイツは、人間の基本的な自由を剝奪《はくだつ》し、その思想統制は宗教分野にまで及んだのである。すなわち、ヒットラーはローマ法王とは別途に協約を結び、厳重なゲルマンの原始的宗教思想を導入して民族的宗教を創設したのち、全国の主教のもとにすべての新教を統轄しようとしたので、新教はもちろん、旧教までもこれに強力な反対運動をしたのである。そればかりでなく、ヒットラーは六〇〇万のユダヤ人を虐殺した。また大戦当時の日本の軍閥は、韓国の各教会に神道の神棚を強制的に設置させ、キリスト教信徒たちを強制的に引っ張りだして日本の神社に参拝させ、これに応じない信徒たちを投獄、殺傷した。さらに、イタリアはサタン側に立ったドイツと一つになって枢軸国家となり、ムッソリーニは国民思想を統合するために、故意に旧教を国教とすることによって、神の復帰摂理に逆行する道を歩いた。これらのことを根拠として、当時の独、日、伊は共にサタン側の国家であると規定されるのである」（同五四六―五四七頁）

この箇所については、韓国語版「原理講論」に記述されているにもかかわらず、日本語版では削除されている文章もある。

「殊に、日本の束縛を逃れ、自由を求めて満州に移民した韓国のクリスチャンたちを至るところで集団虐殺したのである。このように大戦末期にかけて、彼らが強行した韓国キリスト教抹殺政策は実に極悪なものであった」（韓国版「原理講論」四六六頁）

日本を非難する記述は、まだまだある。

「第二次世界大戦も、アダム、エバ、天使を象徴する天の側の国家が中心となり、同一の型を備えたサタン側の国家と戦って勝利し、それを蕩減復帰する条件を立てなければならない。ゆえに、これを知っているサタンは、この摂理に先立って、サタン側のアダム、エバ、天使型の国家を先に団結させ、天の側のそのような型の国々に向かって攻勢をかけさせたのである。

アメリカは男性国家として天の側のアダムを、イギリスは女性国家として天の側のエバを、フランスは中間的な国家として天の側の天使長を各々象徴し、ドイツは男性国家としてサタン側のアダムを、日本は女性国家としてサタン側のエバを、イタリアは中間的な国家としてサタン側の天使長を各々象徴したのである。第一次世界大戦においての米、英、仏と、ドイツ、オーストリア、トルコも、やはり各々このような類型に編成された、蘇生的な象徴型としての天の側とサタン側の国々であったのである。（略）第二次世界大戦における全体主義は、天の側においてそうであるように、サタン側が行く道においてもまた、やはり障害となったのである。しかるに神は、サタン側が共産主義世界をつくることを、蕩減復帰摂理上、一時的にではあっても許容されなければならなかったので、ソ連が天の側国家と協力して全体主義国家を打倒することにより、共産世界が速やかにそれなりの結実をするようにされたのである。しかし第二次世界大戦が終わるや否や、民主と共産の二つの世界は、水と油のように、はっきり分かれるようになったのであった」（日本版五四八―五四九頁）

極端な韓国中心主義思想

さらには韓国民族は神から選ばれた「選民」であり、日本はその「選民」たる韓国民族をいかに迫害してきたか、とする「韓国善玉、日本悪玉」式の主張が延々と述べられているのもこの「原理講論」の特徴だ。

「イエスが韓国に再臨されるならば、韓国民族は第三イスラエル選民となるのである。旧約時代に、神のみ旨を信奉し、エジプトから迫害を受けてきた、アブラハムの血統的な子孫が第一イスラエルであり、第一イスラエル選民から異端者として追われながら、復活したイエスを信奉して、第二次の復帰摂理を継承してきたキリスト教信徒たちが第二イスラエル選民であった。ところが、ルカ福音書一七章25節以下に、イエスが再臨されるときにもノアのときと同じく、まず多くの苦難を受けるであろうと預言されたとおり、再臨のイエスは、第二イスラエル選民であるすべてのキリスト教信徒たちからも異端者として見捨てられるほかはないということを、我々は、既に論じたことを通じて知っているのである。もしそのようになるとすれば、あたかも、神が、イエスを排斥したユダヤ人たちを捨てられたように、再臨のイエスを迫害するキリスト教信徒たちも捨てられるほかはないであろう（マタイ七・23）。そうすれば、再臨主を信奉して、神の第三次摂理を完遂しなければならないその民族は、第三イスラエル選民となるのである」（同五八七頁）

「韓国民族も、第三イスラエル選民となり、天宙的なカナン復帰路程を出発するための『四十日サタン分立基台』を立てるためには、サタン側のある国家で、四十数に該当する年数の苦役を受けなければならないのであり、これがすなわち、日本帝国に属国とされ、迫害を受けた四十年期間であったのである。

それでは韓国民族は、どのような経緯を経て、日本帝国のもとで四十年間の苦役を受けるようになったのであろうか。韓国に対する日本の帝国主義的侵略の手は、乙巳《いっし》保護条約によって伸ばされた。すなわち一九〇五年に、日本の伊藤博文と当時の韓国学部大臣であった親日派李《イ》完用《ワンヨン》らによって、韓国の外交権一切を日本帝国の外務省に一任する条約が成立した。そうして、日本は韓国にその統監（のちの総督）をおき、必要な地域ごとに理事官をおいて、一切の内政に干渉することによって、日本は事実上韓国から政治、外交、経済などすべての主要部門の権利を剝奪したのであるが、これがすなわち乙巳保護条約であった。

西暦一九一〇年、日本が強制的に韓国を合併した後には、韓国民族の自由を完全に剝奪し、数多くの愛国者を投獄、虐殺し、甚だしくは、皇宮に侵入して王妃を虐殺するなど、残虐無道な行為をほしいままにし、一九一九年三月一日韓国独立運動のときには、全国至る所で多数の良民を殺戮《さつりく》した。

さらに、一九二三年に発生した日本の関東大震災のときには、根も葉もない謀略をもって東京に居住していた無辜《むこ》の韓国人たちを数知れず虐殺したのであった。

一方、数多くの韓国人たちは日本の圧政に耐えることができず、肥沃《ひよく》な故国の山河を日本人に明け渡し、自由を求めて荒漠たる満州の広野に移民し、臥薪嘗胆《がしんしょうたん》の試練を経て、祖国の解放に尽力したのであった。日本軍は、このような韓国民族の多くの村落を探索しては、老人から幼児に至るまで全住民を一つの建物の中に監禁して放火し、皆殺しにした。日本はこのような圧政を帝国が滅亡する日まで続けたのであった」（同五八八―五八九頁）

統一教会は、日頃から日本と韓国との友好親善の必要性をさかんに唱えているが、実質的なバイブルである「原理講論」の中身は、露骨な反日感情に満ち満ちている。

さらに「原理講論」には、極端な韓国中心主義が記されている。

「あらゆる文明は、再臨されるイエスを中心とする社会で（略）最高度の文明社会が建設されなければならない。（略）全世界にわたって発達してきた宗教と科学、すなわち、精神文明と物質文明とは、韓国を中心として、みな一つの真理によって吸収融合され、神が望まれる理想世界のものとして結実しなければならないのである。

第一に、陸地で発達した文明も韓国で結実しなければならない。（略）この文明の巡礼は、イエスが再臨される韓国で半島文明として終結されなければならない。

第二に、河川と海岸を中心とした文明も韓国が面する太平洋文明として結実しなければならない。（略）

第三に、気候を中心とした文明も韓国で結実しなければならない」（同五九六―五九七頁）

要するに、全ての文明が韓国・朝鮮半島を中心として結実する、というのだ。

そしてこの韓国中心主義は、ついには言語の韓国語による統一という主張にまで及ぶ。

「再臨の主を父母として頂く、一つの大家族による理想世界がつくられるとするならば、当然言語は統一されなければならないのである。（略）それでは、その言語はどの国の言葉で統一されるのであろうか。その問いに対する答えはあまりにも明白である。子供は父母の言葉を覚えるものである。人類の父母となられたイエスが韓国に再臨されることが事実であるならば、その方は間違いなく韓国語を使われるであろうから、韓国語はすなわち、祖国語（信仰の母国語＝注・日本語版のみ）となるであろう。したがって、あらゆる民族はこの祖国語を使用せざるを得なくなるであろう。このようにして、すべての人類は、一つの言語を用いる一つの民族となって、一つの世界をつくりあげるようになるのである」（同六〇三―六〇四頁）

周知のとおり、一つの民族にとって固有の言語は単なる伝達手段ではない。それぞれの民族の歴史、伝統、習俗から生まれた文化の所産である。その言語を、「原理講論」の説くところ、結局は世界中どこでも韓国語に統一しようというのだから、気宇壮大な思想といわざるを得ない。

これまで引用、指摘した箇所を読んでわかるように「原理講論」の結論は明確だ。再臨のイエス・キリスト（再臨主）とは、韓国人教祖・文鮮明のことであり、韓国民族は「選民」であり、文鮮明によって、世界は統一され、必然的に韓国は世界の中心となるというのだ。そして文鮮明は「王の王」となり、全人類から「お父さま」「お母さま」と尊称される「人類の真の父母」になる。

どうして日本人がこうした宗教を信仰するのか、多くの人は理解に苦しむに違いない。紹介した内容の一部からも分るとおり、かなり一方的な侵略史観が、逆に、戦後日本人の贖罪意識を刺激する面もあろう。しかし理由はそれだけではない。実は、統一教会はこうした韓国中心主義と反日本、反伝統的記述をある時期まで「原理講論」の日本語版から削除していたのだ。

民主主義を否定

「原理講論」の中には、さらに驚くべき記述がある。いまさら指摘するまでもなく、いまの日本の民主主義を成立させている重要な柱の一つが「三権分立」である。その「三権分立」も「原理講論」によれば、「元来、この三権分立は、天の側で成し遂げようとした理想社会の構造であって、復帰摂理の全路程がそうであるように、これもまたサタン側で、先に非原理的な原理型として成し遂げたのである」（同五三〇頁）という。「原理講論」によれば、統一教会が目指す理想社会は、「完成した人間一人の構造を基本として創造された」として、理想社会を人間の構造と機能に譬えて説明している。

「理想社会のすべての機関も神からの命令によってのみ営為されなければならない。また、頭脳からくるすべての命令が、脊髄を中心として末梢神経を通じて四肢五体に伝達されるように、神からの命令は、脊髄に該当するキリストと、キリストを中心とする末梢神経に該当する聖徒たちを通じて、社会全体に漏れなく及ばなければならない。そして人体における、脊髄を中心とする末梢神経は、一つの国家の政党に該当するので、理想社会における、政党に該当する役割は、キリストを中心とする聖徒たちが果たすようになっているのである」（同五三〇頁）

　政党は末梢神経であり、続けて三権は内臓だというのである。

「肺臓と心臓と胃腸が、末梢神経を通じて伝達される頭脳の命令に従って、お互いに衝突することなく円満な授受の作用を維持しているように、この三臓器に該当する理想社会の立法、司法、行政の三機関も、政党に該当するキリストを中心とする信徒たちを通じて伝達される神の命令によって、お互いに原理的な授受の関係を結ばなければならない」(同五三一頁)

そして四肢に相当するのが経済機構であるという。この経済機構も「神の命令に従い、理想社会の目的を達成するために実践する方向へと動かなければならない」としている。つまり統一教会のいう「原理」に基づき、その命令の下に経済運営を行なうということだろう。これから先の「原理講論」には具体的な記述はないものの、「神の命令」による統制経済あるいは計画経済的な運営を考えているのであろうか。

「人間の四肢五体が、頭脳と縦的な関係をもち、肢体の間で自動的に横的な関係を結びながら、不可分の有機体をつくっているように、理想社会においても、あらゆる社会の人々が神と縦的な関係を結ぶことによって横的な関係をも結ぶようになるので、喜怒哀楽を共にする一つの有機体をつくるようになるのである。それゆえに、この社会においては、他人を害することが、すなわち自分を害する結果をもたらすことになるので、罪を犯すことができないのである」(同五三二頁)

全ての権力は文教祖に

では、現在の西側各国の「三権分立」制度を「原理講論」は歴史的にどう位置付けしているのだろうか。

「西欧における歴史発展の過程を見れば、立法、司法、行政の三権と政党の機能を国王一人が全部担当してきた時代があった。しかし、これが変遷して国王が三権を掌握し、法王を中心とする教会が政党のような使命を担当する時代に変わったのである。この時代の政治制度は、再びフランス革命により、立法、司法、行政の三権に分立され、政党が明白な政治的使命をもつようになり、民主主義立憲政治体制を樹立して、理想社会の制度の形態だけは備えるようになったのである。

このように、長い歴史の期間を通じて政治体制が変遷してきたのは、堕落した人間社会が、復帰摂理によって、完成した人間一人の構造と機能に似た理想社会へと復帰されていくからである。このようにして今日の民主主義政体は、三権に分立され、また政党が組織されることによって、ついに人間一人の構造に相似するようになったが、それはあくまでも、復帰されていない堕落人間と同じように、創造本然の機能がまだ発揮されずにいるのである。すなわち、政党は神のみ旨を知っていないのであるから、それは頭脳の命令を伝達することができなくなった脊髄と、それを中心とする末梢神経と同様のものであるといえるのである。すなわち、憲法が神のみ言から成り立っていないので、立法、司法、行政の三機関は、あたかも神経系統が切れて、頭脳からくる命令に感応できなくなった三臓器のように、それらは相互間の調和と秩序を失って、常に対立し、衝突するほかはないのである」（同五三一―五三二頁）

　譬えてみれば、いまの日本の「三権分立」制度は、仏つくって魂入れずといった状態にあるというのだ。しかも、いまの憲法が神のみ言から成り立っていないのであるから、「原理講論」に忠実であるならば、神のみ言に従った憲法に改正しなくてはならない。

「ゆえに、再臨理想の目的は、イエスが降臨することにより、堕落人間一人の構造に似ている現在の政治体制に完全な中枢神経を結んでやることによって、神のみ旨を中心とした本然の機能を完全に発揮させようとするところにあるのである」（同五三二頁）

　このイエスが文鮮明を指していることはいうまでもない。政治体制を人間の機能に譬えると、その頭脳には文鮮明が座るべきであるというのが、「原理講論」の結論であろう。全ての権力はメシヤを自称する文鮮明が掌握するわけだ。

しかし、こうした三権を一つの権威の下に置くというのは、「三権分立」の精神と矛盾しているのではないだろうか。国の権力を三分割し、対峙させることによってチェック・アンド・バランスを図るというのが、そもそも「三権分立」の発想の根底にあるはずだ。その三権の上位の決定機関（メシヤ）をつくるというのであれば、最初から「三権」に分ける必要はない。それでは内閣も国会も裁判所も単なる事務処理機関と変わりがないからだ。

「統一原理」という絶対真理による統治というのが「原理講論」が説く理想社会の政治なのである。しかしながら、「原理講論」の説く政体は、客観的には「全体主義」に他ならない。

「原理講論」は全体主義について、次のように説明している。

「全体主義とは、近代国家の民主主義政治思想の根本である人間の個性に対する尊重と、言論、出版、集会、結社の自由、そして国家に対する基本的な人権および議会制度などを否定し、民族国家の『全体』だけを究極の実在として見ることにより、個人や団体は民族国家全体の存立と発展のためにのみ存在しなければならないと主張する政治理念である。ゆえに、この制度のもとにおける自由は、個人が主張し享受できる権利ではなく、全体の前にささげなければならない一つの義務であり、また犠牲として定義されるのである。全体主義の指導原理は、すべての権威を多数におくのではなく、ただ一人の支配者におき、そしてその支配者の意志をもって国家民族の理念とするのである。この指導理念による全体主義政治体制の実例を挙げれば、イタリアにおけるムッソリーニ、ドイツにおけるヒットラー、日本における軍閥による独裁政体が各々それに該当するといえる」(同五四六頁)

この全体主義の解説はそっくりそのまま「原理講論」が理想とする政体に当てはまるのではないだろうか。

さらに「原理講論」によると、第三次世界大戦は必然であるというのだ。

「第一次、第二次の大戦は、世界を民主と共産の二つの世界に分立するための戦い」(同五五二頁)であるとし、この二つの世界を統一するための戦いが第三次世界大戦であり、その戦いは「必ずなければならない」という。その戦いの道は二つあり、一つは武力による戦い、もう一つは全面的に理念による内的な戦いであるそうだ。この二つの道のどちらで理想世界が成し遂げられるかは「人間の責任分担の遂行いかんによって決定される問題である」(同五五三頁)。

では、この第三次世界大戦による「統一」に必要な理念はどこからくるのか。「原理講論」では、それは共産主義世界から絶対に出てくるはずがなく、民主主義世界から出てくるのだという。

「勝共」スローガンの矛盾

「しかし、我々がこれまでに知っている民主主義世界のいかなる既存理念も、共産主義の理念を屈伏させることができないということは、既に歴史的に証明されている事実である。したがって、この理念は必ず民主主義世界から、新しく登場してこなければならないのである。新しい理念が出てくるためには新しい真理が出なければならないが、この新しい真理がすなわちアベル型の人生観の根本であり、したがって、民主主義の根本となることはもちろんである。今まで、時代の流れに従って、より新しい真理を探究してきた歴史発展過程がそうであったように、このような新しい真理が出てくると、多くの人間が、今まで真理であると信じてきた古いものと互いに衝突するようになるので、今日の民主主義世界そのものも、再びカイン、アベルの二つの立場に分立されてお互いに争うようになるであろう。しかし、この新しい真理が民主主義世界で勝利の基盤をもつようになり、更に進んでは共産主義の理念を屈伏させることによって、ついに一つの真理による一つの世界が成

し遂げられるのである」（同五五三―五五四頁）

としている。民主主義世界から新しい真理――統一原理が登場し、それが民主世界で勝ち抜き、さらに共産主義も打ち負かすというシナリオだったのだ。しかし残念ながら、統一原理が民主主義世界で勝利する前に、共産主義は自滅、自壊の道を辿った。統一教会にとっては、「勝共」こそ、「統一」勝利する道であったはずだ。しかし文鮮明は北朝鮮を訪れ、「サタンの実体」であったはずの共産主義者・金日成と抱擁しているのはなぜか。統一教会のなかでも、教義「原理講論」に大きな動揺がおきているのかもしれない。

以上、一般の人があまり接することのない「原理講論」から読み取れる「統一教会」が目指している「理想社会」の一端はおわかりいただけたと思う。

文鮮明をメシヤと仰ぎ、彼を頂点とする「神の国・地上天国」を建設しようとするのが、彼らの教義であり、ここ数十年、統一教会は日本でもその実践に努めてきた。彼らの教義が政治的実践を求めている以上、統一教会の自民党への接近は当然だろう。

中曾根元総理のエール

その前線部隊が「国際勝共連合」である。反共の名の下に、米ソ冷戦時代においては、統一教会・勝共連合は自民党内に影響力を強めてきた。実際、自民党選出の国会議員に対しての集票活動による選挙応援、議員秘書や運転手の派遣といったことから、統一教会のシンパ作りに励んできた。そうした勝共連合の日常の活動によって、統一教会はかなりの政治力を有している。

たとえば、今年（一九九二年）三月の文鮮明の訪日問題は記憶に新しい。かつて文鮮明には一回の訪日歴があるが、入国目的を逸脱する違反行為があり、またアメリカで脱税で一年六カ月の禁固刑に服した前科があり、日本政府にとっては「好ましからざる人物」とされている。前回の訪日の際、入国を認めまいとする法務省に対して政治的な圧力をかけられたという。議員辞職した金丸信前副総裁はその代表的な人物であり、さらに「北東アジアの平和を考える議員の会」なる統一教会のシンパグループも活動している。世話人には加藤武徳参議院議員（当時）、相沢英之、谷川和穂、中山利生、大塚雄司、牧野隆守の各代議士が名を連ねている。このほか文鮮明の訪日歓迎晩餐会には三十人もの国会議員が駆けつけたという。

さらには中曾根康弘元総理も、統一教会との関係は深い。八月にソウルで行なわれた話題の合同結婚式では、中曾根元総理は次のような祝辞を寄せた。「原理講論」のいうところの「末梢神経」（政党）のかつての党首はいう。

「道徳的勇気が必要――共産主義が崩壊した今日、自由民主主義も様々な問題を抱えているのでございます。真の良識に歴史的に裏付けられなければ、衆愚政治に陥っていくのであります。このような時、宗教的精神に基づいて世界文化体育大典が盛大に開催される意義は極めて大と考えるのであります。開催国大韓民国は私が日本国首相として、戦後初めて公式訪問した地でございます。

今、私たちに必要なものは広大なる心と道徳的勇気ではないでしょうか。皆様、民族問題や、宗教の対立を越えて、人類の理想に向かって邁進して参りましょう。一言、祝辞に代えさせていただきます」

中曾根元総理のいう「人類の理想」とは統一教会のいう「理想郷」と同義なのだろうか。

合同結婚式フィーバーが一段落した九月、自民党の金子徳之介代議士（福島一区・経世会）も、地元選挙区で開かれた勝共連合の集会に出席し、挨拶している。

「以前、勝共連合主催のセミナーに参加した際、久保木（統一教会・勝共連合）名誉会長が『共産主義は必ず崩壊する』と話しておられました。当時、まだ共産主義が台頭しており、誰も共産主義が崩れるとは考えもしなかった時、すでにその終焉を予言したことを通して勝共連合の先見性のすばらしさを感じます。今、国際ハイウェイ・日韓トンネルなどを通じて地球村建設に向けての運動を進めていますが、これらも必ずや人類平和に貢献するに違いないと確信しております」

また松永光元文相（埼玉一区・渡辺派）も、地元・浦和市で開かれた勝共連合の「郷土大学」なる集会に出席し、激励の挨拶をしている。

統一教会の支援を受け、教会を支持する国会議員たちは前述した「原理講論」を読み、文鮮明をメシヤと慕い、三権分立を否定する思想に本当に共鳴しているのだろうか。

統一教会が目指す「理想社会」のモデルを示す象徴的な儀式がある。元統一教会最高幹部によると、「四大名節」という記念日に、早朝五時から敬礼式なる重要な儀式が執り行なわれるという。

「聖壇に座った『文氏』とその家族に対し、統一教会の主要幹部が三拝の拝礼を行なう。場所はだいたい『文氏』の私邸であるアメリカ・ニューヨーク州のイーストガーデンである。その際、天皇陛下をはじめ、レーガン大統領、全斗煥大統領ほか主要国の元首の身代わりを、それぞれの国の教会幹部が担当し、文教祖一族に拝跪して全世界の主権者が文教祖に拝礼したという儀式を行なうのである」（『文藝春秋』一九八四年七月号）

日本の天皇陛下をはじめ、世界各国の元首たちは、どういう立場でどこに位置しているのであろうか。

文鮮明は十四年後の二〇〇六年には、自分を「王の王」とする「神の国・地上天国」を完遂する、と宣言しているという。

しかも文鮮明は、さる八月二十四日、ソウルで、

「私はメシヤであり、再臨主であり、真の父母である」

と自ら「メシヤ宣言」を行なっている。さらには「日本に女性党をつくり世界的版図を築きます」「私は韓国に統一党をつくって、与野党に気合を入れる」「日本政府の高官のすべての証書をもっています」などと政治的野心を露わにした発言を繰り返している。

前述したように、文鮮明は北朝鮮訪問の折、経済投資、経済援助を約束してきたが、具体的な資金の捻出については、日本の統一教会が担うものと見られている。しかし、今の日本統一教会はかなりの財政難の状況にあるといわれる。統一教会が再び日本国内で霊感商法を含む、新手の資金獲得の活動を展開していくのではないか、と懸念されている。

（文中敬称略）

（『文藝春秋』一九九二年十二月号／原題「統一教会と韓国ナショナリズム」）

8 教祖・文鮮明一族の隠された真実

石井謙一郎

文鮮明は母をレイプした――そう告発するのは、アメリカ在住のサムエル・パク氏。信者たちからは「真の家庭」と崇められてきた教祖一族の、金と権力、陰謀渦巻く内幕を明かす。

「私の人生は、お金、セックス、権力、陰謀に翻弄された、韓流ドラマのようです。自分の出自を知ったのは、十二歳のときでした。両親だと信じていた人たちが実は他人で、本当の父親は文鮮明だということを」

　こう語るのは、アメリカ在住のサムエル・パク氏（57・以下サム氏）。統一教会（現・世界平和統一家庭連合）の教祖・文鮮明の隠し子だ。母の名は崔淳華《チェスンファ》さんといい、文教祖と結婚することなくサム氏を産んだ。

　統一教会の信者は、文鮮明・韓鶴子夫妻を「真のご父母様」、その家族を「真の家庭」と崇め、理想像として仰ぐ。だが現実は大きく異なる。

　漢江のほとりで金色に輝く地上六十階建ての「63ビル」は、ソウルのランドマークのひとつだ。サム氏の祖父は、このビルを建てた大韓生命のオーナーだった。当時、大韓生命は国内二番目の保険会社で、祖父はサムスングループの創始者に次ぐ国内二番目の富豪だったという。

統一教会に入信した祖母は、創設間もない教団を財政面で支えた。

「一九七三年に亡くなるまで、祖母は膨大な金額を寄付し続けました。総額は数百万ドルに達します。私の母は、祖母によって統一教会の教えに導かれました。父・文鮮明牧師との関わりは一九五三年、母が十七歳のときに始まりました。父が強制的に、母の処女を奪ったのです。彼は母に向かって『真の母』になるよう運命付けられているから性的関係をもったのだ、と言い含めたそうです」

サム氏によると、文教祖は当初、淳華さんの姉・淳実《スンシル》さんと結婚し、七年後に離婚して、姉よりも気に入っていた妹と再婚する計画を立てていたという。そうすれば、崔一族の財産を独占できる。祖父は朴正熙大統領と親しく、青瓦台との太いパイプを得られると考えたのだ。

淳華さんがそうした企みを知って文教祖の下から去ったとき、お腹にはサム氏がいた。アメリカで生まれたサム氏は母から取り上げられ、統一教会のナンバー2だった朴普熙《パクボヒ》の実子として育てられた。周囲の人間は、サム氏に出生の秘密を明かさないよう命じられた。

自身の出生の秘密と「真の家庭」の矛盾を知ったサム氏は、母と共に信仰を捨てた。い

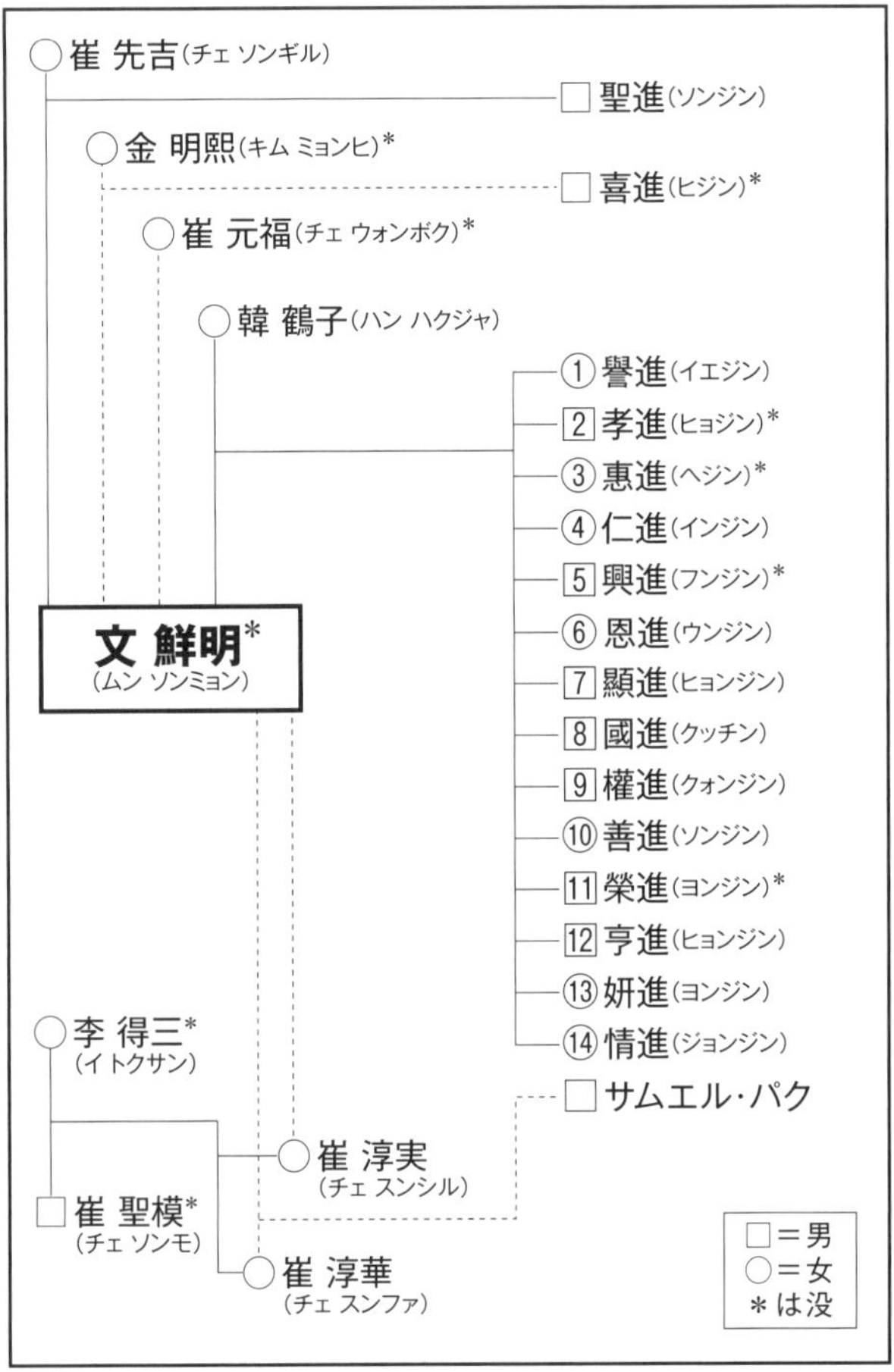
崔 先吉(チェ ソンギル)
聖進(ソンジン)
金 明熙(キム ミョンヒ)*
喜進(ヒジン)*
崔 元福(チェ ウォンボク)*
韓 鶴子(ハン ハクジャ)
①譽進(イエジン)
2 孝進(ヒョジン)*
③惠進(ヘジン)*
④仁進(インジン)
5 興進(フンジン)*
⑥恩進(ウンジン)
7 顯進(ヒョンジン)
8 國進(クッチン)
9 權進(クォンジン)
⑩善進(ソンジン)
11 榮進(ヨンジン)*
12 亨進(ヒョンジン)
⑬姸進(ヨンジン)
⑭情進(ジョンジン)
サムエル・パク
文 鮮明*
(ムン ソンミョン)
李 得三*
(イトクサン)
崔 聖模*
(チェ ソンモ)
崔 淳実
(チェ スンシル)
崔 淳華
(チェ スンファ)
□=男
○=女
*は没

文鮮明一族の家系図

ま、教祖一族に対して何を思うのか。

「父・文鮮明は、本当に悲しい人間です。『全人類の真の父』や『再臨のメシア』でもなく、究極の偽善者です。文鮮明の家族は『真の家庭』ではありません」

文教祖には、判明しているだけでサム氏を含めて十七人の子がいる。母親は四人だが、他にも多数の女性がいた（右ページの家系図を参照）。

最初の夫人は崔先吉《チエソンギル》。文鮮明と同じ北朝鮮の定州出身で、一九四四年に結婚。一九五七年に離婚した。息子に文聖進《ソンジン》（76）がいる。

金明熙《キムミヨンヒ》は、延世大学の三年生だった五四年に入信。翌年、日本で息子・喜進《ヒジン》を出産した。文鮮明が崔先吉と結婚していた時期だ。喜進は中学二年のとき鉄道事故で死去した。

統一教会が行なう合同結婚式では、見知らぬ男女がマッチングされるだけでなく、霊魂と生身の人間のカップルもある。これを「霊肉祝福」という。一九九八年に行なわれた三億六千万組と称する合同結婚式で、金明熙は聖人ソクラテスと霊肉祝福を受けた。二〇二〇年に死去すると「聖人祝福家庭　金明熙女史協会聖和式」が行なわれた。聖和式とは、葬儀のことを指す。

梨花女子大学の教師だった崔元福《チエウオンボク》は、常に文鮮明の傍にいて、韓鶴子夫人と長く同格の扱いだった。同じく九八年の合同結婚式で、釈迦と霊肉祝福。〇六年に死去し、「信愛忠母様」と呼ばれている。

サム氏の母・崔淳華さんは、前述の通り婚姻関係がなく、棄教したために金銭的な支援を受けられなかった。一族の多額の献金を取り戻すことも叶わず、母子は自己破産を余儀なくされた。

麻薬使用、不倫、自殺……

二番目の妻となる鶴子夫人は、一九六〇年に十七歳で結婚。当時四十歳だった文教祖と添い遂げ、七男七女を産んだ。子供たちは、生まれたときから原罪のない「真の子女様」と呼ばれる。

①長女　譽進《イエジン》（61）祝福二世と結婚したが、離婚。

②長男　孝進《ヒョジン》（二〇〇八年に四十五歳で死去）十九歳のとき、幹部の娘で十五歳の洪蘭淑《ホンナンスク》と結婚。二人は、ニューヨーク近郊にある一族の豪邸で暮らした。

蘭淑は十四年間の結婚生活ののち、五人の子供を連れて脱走。九七年に離婚した。『わが父　文鮮明の正体』（邦訳は文藝春秋刊）で、こう振り返っている。

〈彼（孝進）は教会の教義を破って、たばこを吸い、飲酒運転をし、麻薬を濫用し、婚前の、さらには婚外の性交渉をもった。この家族が聖家族？〉

ロック・ミュージシャンだった孝進は九九年に再婚し、さらに五人の子をもうけた。死因は心臓発作。

③次女　恵進《ヘジン》（生後まもなく死去）

④三女　仁進《インジン》（57）夫は朴普煕の二男。米国総会長を務めていた二〇一二年、ノルウェー人のミュージシャンとダブル不倫の末に、婚外子を出産。職を解かれた。その後、離婚した仁進は、二〇一三年に不倫相手と再婚した。統一教会は信者向けに「仁進様の人事に関する見解」と題する次のような公文を出し、釈明に追われた。

〈真の子女様であっても、初めから完成しているわけではありません。（略）

人間始祖アダムとエバが、罪の痕跡もないエデンの園で堕落したように、重大な愛の過ちを起こすこと自体はショッキングなことですが、あり得ないことではありません〉

七男は米議事堂襲撃に参加

サム氏が生まれたのは、鶴子夫人が仁進を妊娠中の時期にあたる。

⑤次男　興進《フンジン》（八四年に十七歳で死去）自動車事故で死亡。同年、朴普熙氏の長女・薫淑《フンスク》と霊肉祝福を受ける。薫淑は二十一歳だった。

⑥四女　恩進《ウンジン》（54）祝福二世と結婚したが離婚。離教して、一般人と再婚した。

⑦三男　顯進《ヒョンジン》（53）後継候補だったが、文教祖存命中に排斥された。教祖死去の際も弔問を拒否され、葬儀にも参列できなかった。

⑧四男　國進《クッチン》（52）アメリカで銃器製造会社Ｋａｈｒ《カー》を経営。子供ができずに離婚し、元ミスコリアと二〇〇四年に再婚。教義では許されない不倫の末のデキ婚だった。教祖の死後に失脚し、七男を支援。

⑨五男　權進《クォンジン》（47）統一教会から離れた生活を送るが、文教祖の葬儀では遺影を持って葬列の先頭に立った。

⑩五女　善進《ソンジン》（46）鶴子夫人の傍にあって、世界会長などの要職を歴任。

⑪六男　榮進《ヨンジン》（九九年に二十一歳で死去）離婚後、ネバダ州リノのホテルで転落死。自殺とされている。

⑫七男　亨進《ヒョンジン》（43）文教祖から後継者に指名されたが、鶴子夫人によって追放された。

アメリカで亨進が主宰するサンクチュアリ教会は、小銃を信奉し、弾丸を飾ったガンベルトのような王冠をかぶって礼拝を行なう。トランプ前大統領の支持者で、昨年（二〇二一年）一月の国会議事堂襲撃に信徒を伴って参加。コロナの流行は人為的だと主張している。今年六月に来日し、全国巡回集会を行なった。

⑬六女　妍進《ヨンジン》（41）統一教会は性的マイノリティを認めないが、同性愛者の映画を製作した。一四年、鶴子氏の主礼によって一般人と恋愛結婚。

⑭七女　情進《ジョンジン》（40）妍進と同じ日に鶴子氏の主礼で一般人と恋愛結婚。

前述した孝進の元妻、洪蘭淑は、アメリカのテレビ番組で「下の五人の子供たちはアメリカ生まれで韓国語が上手く話せず、英語が苦手な父親とコミュニケーションを取れなかった」と明かしている。

日本統一教会の田中富広会長は、八月十日の記者会見で「合同結婚式のカップルの離婚率は二％以下」だと胸を張ったが、結婚した「真の子女様」は、十一人のうち六人が離婚している。

サム氏が語る。

「信者の大多数は何も所有していないのに、教祖の一家は莫大な資産を持っている。これは文一家が信者から搾取し、欲と腐敗にまみれている証拠です。自分たちは特別で、それ故に統一教会員も、その他の人間も虐待的に扱って問題ないと確信しているのです。人の心を騙して操作する、この家族を信用してはいけません」

文鮮明を操る鶴子夫人

「理想の家庭」の崩壊は、後継者の座を巡って徐々に顕在化した。文教祖は、四男の國進に経済部門、七男の亨進に宗教部門を担当させ、長兄である三男の顯進に全体をまとめさせる意向だった。ところが鶴子夫人は、顯進に権力が集中することを嫌い、四男、七男と組んで、追い落としにかかった。

〇八年、七男の亨進が世界会長に就任し、事実上の後継者に指名された。信者の間に動揺が広がったのは、一〇年六月に公開された文教祖直筆の文書だ。そこには、「代身者で相続者は文亨進である。その他の者は、異端者であり爆破者である」と書かれている。異端者、爆破者は、三男の顯進を暗示していた。

問題は、この文書を作成する様子の映像だった。ベッドに腰かけた文教祖が目を通す文書に、書き加えるように促しているのは鶴子夫人だ。

鶴子「日付を書いてくださらないと」

文「なんだって？」
鶴子「日付です」
文「日付がどうした？」
鶴子「二〇一〇年に宣布されたと、書いてなければいけません」
文「一〇〇〇年？」
鶴子「二〇一〇年です。……一の字が抜けましたよ」

映像には、衰弱した老人と、意のままに操ろうとする妻、そして亨進しか出てこない。しかもｉＰｈｏｎｅで撮影したのは、亨進の妻だ。後継の正統性をアピールする映像公開は、完全に裏目に出てしまった。

「年齢による衰えを隠せない文教祖に代わって、鶴子夫人の権力が強くなりました。しかし実際は、鶴子夫人の母親の霊が下りたと称して『訓母様』と呼ばれた金孝南という霊媒師の言いなりでした。現在、統一教会の大きな集金手段となっている先祖解怨式を始めたのが、この訓母様です。鶴子夫人の信任は篤かったのですが、数百億円に達する着服が明るみに出て、二〇一五年に教団から追放されました」（現役信者）

文鮮明の否定と真逆の教義

二〇一二年七月、一万人の信者を前にした講演の最中、文教祖は原稿にない話を始めた。

「母はいない。文総裁の妻の位置もありません。自分勝手だ。自分勝手！」

その言葉は、長年連れ添った鶴子夫人に向けて発せられていた。

ひと月半後の九月三日、文教祖は九十二歳で死去。九月十五日、聖地・清平の清心平和ワールドセンターで、聖和式が行なわれた。李明博大統領や北朝鮮の金正恩第一書記から花輪が届き、中曾根康弘元首相の弔辞が紹介された。

「天一国真聖徳皇帝」という文教祖の揮毫が記された棺の前で遺影を持ったのは、前述した通り五男の権進。その右には、聖和委員長を務めた七男・亨進の三男・信俊《シンジュン》（当時八歳）がいた。信俊に三代目を継がせるのが文教祖の意向だった。

「この直後から、鶴子夫人、巻き返しを図ろうとする三男、四男、七男の間で、カネと権力を巡る骨肉の争いが始まった。勝利したのは鶴子夫人。その結果、統一教会は、鶴子氏が率いる主流派、三男派、四男＋七男派の三つに分かれました」（同前）

カネと権力を一手に握った「真のお母様」は、「再臨のメシア」のはずの文教祖まで否定する。自らを、六千年ぶりに原罪なしに生まれた「独生女」であると宣言。自分が結婚したことで夫の原罪は清算され、真の父母になったという教えを説く。従来の教義とは真逆だ。関連団体や施設の名称に「ＨＪ」という言葉が付けられるようになった。表向き韓国語の「孝情」の略だが、実は「鶴子＝Ｈａｋ　Ｊａ」のイニシャルだ。

七十九歳の鶴子総裁は健康不安が取り沙汰されて久しく、歩く際には付き添いが必要だ。鶴子総裁が我が子のうちで最も愛したと言われるのは、長男の故・孝進。いま後継に立てようとしているのは、孝進が再婚してもうけた二番目の男子・信興《シンフン》（21）だ。

信興の妻は、自民党の萩生田光一政調会長と親しい元八王子教会長・入山聖基氏の娘。八月二十一日、この夫妻に情娥という名の女児が生まれたことを、鶴子氏が公表した。「真の家庭」は、四代目に入った。教祖夫妻の子には進、三十人以上いる孫にはすべて信の字がつくが、ひ孫には情という字がつくらしい。

八月十八日午後、ソウルで在韓日本人女性信者によるデモ行進が行なわれた。午前中、信者たちは清平のＨＪグローバルアートセンターで開かれた「在韓日本宣教社会発足四十周年記念特別集会」に参加し、鶴子総裁のスピーチを聞いた。

「統一教会は北朝鮮と同じ」

ところがその日のうちに、スピーチの内容をすべて削除するよう指示する公文が、ソウルの世界本部名義で下達された。問題になったのは次の箇所だ。

〈日本がエバ国としての最後の陣痛を経験しています。それゆえ私は日本の指導者に「恐れるな。強く大胆に進み出よ。必ず陣痛は過ぎ去る。ゆえに、希望に満ちた神日本の玉のような男の子が誕生するまで、強く大胆に進み出よ！　勝利せよ！」と言いました〉

韓国人幹部が理由を解説する。

「確かに、エバ国家の日本はアダム国家の韓国に奉仕しなければならない教えなのですが、この時期に口にすれば、かつてなく高まっている統一教会への反感をさらに煽ってしまう。そういう判断が、鶴子総裁にはできないのです」

教団は、次のように答えた。

「サムエル・パク（韓国名：朴珍慶）氏は、韓国家庭連合の草創期に入会し、米紙ワシントン・タイムズ会長や韓国文化財団理事長などを歴任した朴普熙氏の三男です。（文鮮明氏による崔淳華さんのレイプについて）そのような事実はありません。（金明熙、崔元福さんとの男女関係は）事実無根です。また韓鶴子総裁のスピーチについて『削除すべし』との公文は出ていません」

八十五歳になった病身の母を看病しながら暮らすサム氏に、安倍元首相の殺害と、統一教会批判が高まっている現状への感想を尋ねた。

「絶対に許されない犯罪です。同時に、この悲劇を防げなかったのだろうかと考えます。統一教会に人生を壊された同じ立場の者として、できれば山上徹也容疑者に厳しい刑を科さないで欲しい。彼と同じように苦しんでいる二世信者が大勢いると知って欲しいし、彼らを救うために立ち上がって欲しいと思います。

日本の政治家は関係を切る必要があるし、日本人の信者は一刻も早くそこから出て下さい。韓国人の幹部は日本を愛していないし、あなたたちのことなど少しも考えていない。お金、若さ、優しい心を利用しているだけです。統一教会は日本にとって、北朝鮮と同じ脅威です。北朝鮮は核とミサイルを持ち、統一教会はマインドコントロールという武器を使うのです」

（文中一部敬称略）

（『文藝春秋』二〇二二年十月号／原題「『文鮮明は母をレイプした』婚外子の告発」）

9

宗教はなぜ権力と結びつくのか

宮崎哲弥・島田裕巳・仲正昌樹・小川寛大

統一教会が政治に接近した理由、創価学会や生長の家などの新宗教はいかに政界に影響を及ぼしてきたか、国葬問題――。近代日本の歴史を視野に、宗教学者、ジャーナリストなど一級の論者たちが政治と宗教の関係を語り尽くす。

宮崎（司会）　安倍晋三元首相暗殺事件を機に、政治と旧統一教会（世界平和統一家庭連合。以下、統一教会）の関係が改めて注目されています。そこで今日は近代日本における政治と宗教の関係について議論したいと思います。

　議論を始める前に前提として私自身の基本的なスタンスを明らかにしておきます。それは「政治と宗教は原理的に分離されるべきだ」というもの。宗教がカヴァーする領域というのは、政治の扱う領域よりも深く、広いのです。宗教はそれを信じる者のアイデンティティの根幹を規定し、世界観総体を形成する。従って宗教には妥協とか譲歩というのはあり得ません。原理的には。

　ただ共存はできる（笑）。近代社会においては政治権力が共存を強制しているからです。宗教勢力が宗派間闘争をはじめたり異端審問を行ったりすることは、世俗（政治権力）優位のこの社会では、許されないことです。

政教分離原則というのは、この政治権力の作用がすべての宗教に対し平等であるように、特定の宗教宗派の立場に偏らないようにするために設けられたものなのです。

まあこれが原理的なスタンスですが、リアルポリティックスはずっと複雑怪奇であり、「政」と「教」の関係も一筋縄ではいきません。統一教会や創価学会に限らず、多くの宗教が政治と関わってきた。問題はその関わり方だと思います。今日はその論点を追及したいと思います。

さて、まずは安倍元首相暗殺事件について一言。

小川　山上徹也容疑者の「特定の宗教団体に恨みを持っていた」との供述の第一報に触れ、おそらく統一教会だろうと予想がつきました。なぜなら日本の数ある宗教のなかでも、統一教会の高額献金や霊感商法の悪質さは群を抜いているからです。もはや宗教ではなく、宗教の皮をかぶった集金マシーンと言ったほうがよい。今回のような事件が起きうる土壌は以前からありました。

一方、安倍元首相は祖父の岸信介から三代にわたって、統一教会と親しい間柄にありました。被害者団体や弁護士が「付き合いを考え直してくれ」と申し入れても耳を貸さなかった。もちろん、だからといって殺人が正当化されるわけではなく、事件そのものは本当に痛ましい悲劇です。ただ正直、脇が甘かったのは否めません。

島田　容疑者の母親が「多額の献金をしていた」としか報じられていなかった段階では、私は他の新宗教も頭に浮かびました。奈良という土地からまず連想したのは、地元の天理教です。作家の芹沢光治良は自伝的小説『人間の運命』の中で、親が熱心な天理教の信者であり、全財産をなげうって布教にのめり込んだために塗炭の苦しみを味わったことを描いています。また、容疑者が元自衛官という情報から、かつて自衛隊内に信者組織を持っていた顕正会の可能性も考えました。顕正会は日蓮正宗系の新宗教ですが、日蓮正宗の国教化を目指すなど、過激な活動で知られています。

仲正　私は大学に入学した一九八一年から約十一年半、統一教会の信者でした。元信者としての感覚からすると、なぜ安倍元首相が標的になったのか、いまひとつ腑に落ちないんですよ。怨念の対象は政治家ではなく統一教会の人間に向かうのが筋だろう、と。テレビのインタビューで「安倍元首相は身内のようなものだった」と言う二世信者の方もいますが、これはメディアに誘導された発言のように感じられます。統一教会の教義に照らせば、安倍元首相も「堕落した人間」のひとりに過ぎず、決して教会の身内とは言えません。

　このように考えると、まだ解明されていない謎は多くあると思っています。

政教分離の大原則に挑戦してきた新宗教の野望

宮崎　自民党を中心に、国会議員と統一教会の関係が次々と明らかになっています。岸信夫・前防衛大臣や二之湯智・前国家公安委員長が内閣改造で外された後も、例えば山際大志郎・経済再生担当大臣や萩生田光一・政調会長の、教団との「濃厚な」つきあいが指摘されている。統一教会問題の処理の不首尾は、政権を揺るがす大問題に発展しています。一方、創価学会・公明党はこの事態を前に、首をすくめて嵐が通り過ぎるのを待っているような状態です。

なぜ政治と宗教は癒着するのか？　統一教会は何故政治に接近したのですか？

仲正　政治家たちが最も期待しているのは、やはり選挙の際の支援だと思います。統一教会は創価学会などと比べると規模は小さいですが、信者たちはみな従順でよく働きます。派遣される信者たちは、選挙応援ぐらい軽くこなしますよ。普段から従事している布教活動や徹夜祈禱、「万物復帰」と呼ばれる物品販売の方が、よっぽどきつい（笑）。私も信者時代、万物復帰がうまくいかずに「売れるまで帰ってくるな！」とよく叱られていました。信者たちにとっては選挙支援なんて、むしろ休みをもらったぐらいの感覚なんです。

宮崎　現在の日本国内の統一教会の信者数は？

島田　公称では五十六万人とされていますが……仲正さんの実感としてはどうですか？

仲正　実態よりはかなり多い印象です。私が信者だった一九八〇年代でさえ、アクティブなメンバーは二万人もいないだろうと言われていました。その後、霊感商法が問題化した後、信者数は相当減ったはずです。

統一教会の中では、信仰歴が長く、ホームと呼ばれる拠点に専従する信者のことを献身者と呼んでいました。献身者は、イベントや選挙に呼ばれたら必ず参加します。また、それに準ずる信者を合わせて、二万人ほどだと。それ以外にも、自分の仕事を持ちながら礼拝などに定期的に通う一般信者がいます。そうした信者を合わせても、せいぜい六万〜十万人の間が妥当なところでしょう。

宮崎　公称とは相当な開きがありますね。ただ、政治家を取材してみると、数としてはそれほどではなくても、宗教団体からの票の支援は非常に固く確実であるため、「とても安心感がある」と口を揃えていいますね。

小川　宗教票に限らず、組織票というものは、全体の投票率がどれだけ下がっても必ず投票してくれる有難い存在ですからね。

自民党が創価学会に逆らえない理由

島田　集票マシーンとして最も強力な力を誇るのは、やはり創価学会でしょう。公称八百二十七万世帯が会員ということになっており、新宗教としては日本最大の勢力を誇ります。ただ、のちほど詳しく述べますが、これはかなり誇張された数字です。

小川　教勢としては、池田大作名誉会長が前面に出ていた頃に比べると落ちていることは明らかですね。ただ、自民党にとって創価学会の力は依然として大きい。

先日、自民党のベテラン議員が興味深いことを教えてくれました。その議員の選挙区では有権者の五％程度の創価学会員がいるそうです。五％というと少なく見えるかもしれませんが、投票率が五割程度の中、彼らは必ず投票に行くので、実際の選挙では学会票の比重は二倍の十％になる。さらに、野党が統一候補を立てて一対一の与野党対決型になる最近の小選挙区では、ほとんどの学会員は自民党に投票します。その結果、蓋を開けると自民党候補者の得票数の二割前後を学会票が占めることになる。「これで創価学会にケンカを売れると思うか？」と、そのベテラン議員は言っていました。

宮崎　教勢は落ちていても、小選挙区制と低投票率によって、政治的影響力がかえって高まった可能性がある。そういう構造は公明党もかなりはっきりと意識していて、今回の参院選では、例えば京都の選挙区では公明支持層の一部の票が自民の候補者ではなく、日本維新の会の候補者に流れました。こういう選挙区が他にも幾つかあった。この背景には個々の選挙区の事情もあって、一概にはなかなかいいにくいのですが、自民圧勝が予測されるなかで、与党内で公明党が存在感をアピールしたともいえるわけです。

小川　昔は労働組合や農協、郵便局なども手堅く票が見込めましたが、そうした団体はどんどん瓦解していった。創価学会はそれらに比べて縮小のスピードが緩やかでした。その結果、他団体よりも相対的に政治的影響力を強めた面はあると思います。

北朝鮮には統一教会、中国には創価学会

宮崎　統一教会はかつての「勝共」「反北（朝鮮）」という政治姿勢ばかりが強調されていて、冷戦構造崩壊後、この教団が大きく変質したという点は軽視されがちです。かつての看板だった「反共」を降ろしまではせずとも控え目にし、代わりに「統一」や「平和」の看板を強く押し出すようになった。

はっきりいえば、この三十年間、統一教会は北朝鮮の政権と極めて友好的な関係を保っ

てきた。単にトップが懇意だというだけでなく、「平和《ピョンファ》自動車」など合弁事業を行ったり、国際社会の場で北朝鮮を支援してきた。

教団の持つ、こうした北朝鮮とのあいだのパイプは、拉致問題の解決を掲げる日本にとって魅力だったと思います。とくに二〇一四年のストックホルム合意を北朝鮮が事実上破棄してしまった後は、拉致問題はまったくスタックしてしまった。何とかこのルートに突破口を見出そうとしたのではないか。そういう観点から取材してみると、幾つかのこれに関連する動きがみえてきます。

もちろん一般の議員と教団との関わりは、あくまで組織票や選挙ボランティアが目当てだったのでしょうが、政権のトップに関わる人々と教団の関係にはそれとは違った要素、思惑もあったのではないか、と思われます。

仲正　今年二月、ソウルで開かれた統一教会のイベント「ワールドサミット2022」に、安倍元首相は手紙でメッセージを送っています。韓国の実行委員長がそれを代理で読み上げたのですが、そこでも「拉致問題の解決と核問題の解決がなければ南北問題は前進しない」と強調していました。北朝鮮とのパイプがあることを承知の上で、こうしたメッセージを送ったのでしょう。

島田　実際、宗教団体が外交に関与した前例があります。一九七二年の日中国交回復の際は、創価学会が大きな役割を果たしました。一九六八年に池田大作が「日中国交正常化提言」を出し、公明党の中央執行委員長（当時）の竹入義勝が頻繁に中国側と接触し、日中国交正常化への下準備を積み重ねた。そうした成功体験も、自民党の記憶に残っていたはずです。

自民党右派に迎合した統一教会

宮崎　しかし宗教団体の側は、一体どのような思惑をもって政治に接近するのか。

小川　安倍元首相暗殺事件の後、一部のマスコミは「自民党右派の政治的主張は、統一教会の主張と同じ内容が非常に多い。これは政治が宗教にコントロールされている証拠である」として批判しています。しかし、この点について私は必ずしも同意しません。むしろ統一教会側が、自民党右派の歓心を買うために調子を合わせていた面が大きいのではないか。

仲正　同感ですね。私は大学卒業後、統一教会系の新聞『世界日報』の記者を二年ほど務めていたのですが、どんな記事を読んでも、統一教会や関連政治団体である国際勝共連合に独自の保守思想を感じたことは一度もありません。また、自民党右派に迎合してか、本来の教義に反するような主張が紙面に並ぶことさえある。たとえば最近では「夫婦別姓反対」がそうです。

宮崎　建前をいうと、家族の一体感が極めて重要だから「別姓」には反対という理屈ではないの（笑）。

仲正　いえ、そもそも教祖の文鮮明と夫人の韓鶴子が別姓です。

宮崎　儒教社会の家族秩序からすればそれが当然ですね。そもそも「同姓不婚」が原則ですからね。

仲正　統一教会の基本的発想では、あらゆる点において韓国は日本より上なので、本来なら夫婦別姓に賛成のはずです。それにもかかわらずなぜ反対かというと、自民党右派に調子を合わせているからではないか。

小川　それに似た現象は他にも見られます。たとえば安倍元首相が統一教会系雑誌の表紙に何度か載ったことが云々されますが、あれは写真を通信社から買っただけで、中を見ても本人は別に登場しないんです。いわば、芸能雑誌がアイドルの写真を載せているようなもの。

島田　そう。安倍元首相が保守派のスターだからと、一種の広告塔に政治家を利用したのですね。

小川　そもそも宗教団体は、宗教を否定する共産主義とは相容れません。なかでも文鮮明は強烈な反共主義者でしたから、その点で日本の反共保守と相性が良かったのはたしかです。かつて冷戦時代には、政治団体でも民族団体でもない「反共団体」というものが存在しました。これは反共産主義を理念とする勢力で、国際勝共連合もそのひとつ。岸信介をはじめ、当時の保守政治家はそうした団体の活動方針に共感していた。逆に言えば、当時はそれだけ共産主義にも勢いがあったわけです。

仲正　統一教会は「勝共理論」と呼ばれる反共の理論を体系化し、教義と結びつけています。教義上、共産主義は神と対立するサタンの究極思想だと位置づけられている。「反共」ではなく「勝共」という言葉を使うのも、共産主義者にみずからの誤りを認めさせて勝利するんだという意味が込められているのです。

　実際、勝共思想に共鳴して勝共連合の会員になる政治家や評論家は少なからずいました。とはいえ、そうした会員が統一教会のほうの信者になるケースは稀でしたね。そのように考えると、統一教会が自民党右派にすり寄っていたのは、一種の「保険」としてシンパを増やしたかったからではないかと考えられます。

政教一致のために政界進出した創価学会

宮崎　では創価学会はどうですか。公明党が自民党と連立を組んで二十年以上経ち、すっかり政権与党という地位が定着してしまったようですが。

島田　現実に政治への影響力を保持し続けているという点では、創価学会は統一教会をはるかにしのぎます。公明党は福祉分野などで創価学会が望む政策を自民党に受け入れさせてきました。つまり創価学会は公明党を通じて、私たちの国民生活にまで大きな影響を及ぼしているのです。

宮崎　この政治への強い拘《こだわ》りは、どこから来るのか。

小川　創価学会は戦後日本の新宗教の中でも政治への志向性が非常に強い団体です。逆に言えば、その教義からして、どうしても政治に進出する必要があった。

そもそも創価学会は、一閻浮提《いちえんぶだい》広宣流布《こうせんるふ》（日蓮の教えをこの世界すべてに教え広めること）と国立戒壇《こくりつかいだん》の建立（国に宗教施設を作らせること）を目標に据えていました。とりわけ国立戒壇については、政界に進出して政治権力を握らないと達成のしようがない。だから政治への志向性が強いわけです。

島田　一九六四年に公明党が誕生した際、その綱領には「王仏冥合《おうぶつみょうごう》と地球民族主義による世界の恒久平和」「仏法民主主義による大衆政党の建設」といった宗教的なスローガンが生々しく打ち出されていました。ちなみに王仏冥合とは、政治と宗教の一体化を目指すという意味で、宗教政党としての性格が露わになっています。

宮崎　例えば「国立戒壇」建立という夢はもうどうでもよくなったのですか。

島田　後で詳しく述べますが、のちに創価学会は言論出版妨害事件を起こして世間の強い非難を浴び、「王仏冥合」「仏法民主主義」といった宗教的な用語は綱領から姿を消しました。また、公明党としても国立戒壇を目的に活動することはできなくなりました。

宮崎　ただ、創価学会が依然として強い組織力を持っていることを考えると、何かのきっかけで、こうした体質が復活しないか、注視しておく必要がありますね。

小川　それはそうかもしれません。しかし、創価学会が衰退期に入っているのは間違いない。自公連立によって公明党が公約を実現させてきたことは、彼らにとって延命装置として機能した側面がありました。その実績を学会内部に向けて「功徳の結果」と喧伝することができたからです。

ところが最近、公明党が与党化したことがマイナスの側面を持つようになってきた。自民党の改憲構想や消費増税案を受け入れるなど、むしろ自民党側に引きずられています。また、世代交代も進んでいます。あと十年もすれば、公明党の集票力も維持できなくなるでしょう。

自民党と決別した生長の家

宮崎　先の参院選では、公明党は目標の八百万票に届きませんでした。また比例区で公明党が議席を一つ減らしたのは象徴的でしたね。これまで目標議席を確保していた公明党としては、極めて異例のことでした。

小川　選挙における創価学会の圧倒的強さにも、そろそろ陰りが見えてきたということです。

宮崎　統一教会と創価学会以外の宗教と政治の関係を見ておきましょう。「反共」を通じて保守政治に近接した新宗教といえば、生長の家を措《お》くことはできません。数年前にベストセラーとなった『日本会議の研究』（菅野完著）でも、生長の家が取り上げられました。日本会議は安倍政権と密接な関係にあり、憲法改正を強く訴えている運動団体ですが、同書では日本会議のルーツが生長の家にあると指摘されていました。

島田　そうですね。生長の家の創立者・谷口雅春は、第二次世界大戦中に強い天皇信仰を打ち出しました。「すべて宗教は天皇より発する」として、あらゆる宗教の根源に天皇を位置づけたのです。戦後、谷口は公職追放を受けますが、東西冷戦がはじまると風向きは変わります。日本でも保守と革新の対立が激化し、生長の家の国家主義が保守勢力から支持を受けるようになりました。

小川　生長の家は「生長の家政治連合（生政連）」という政治団体を持っていました。これは百万近くの票を叩き出せると言われた巨大組織で、「参院のドン」と呼ばれた自民党の大物政治家、村上正邦を支援し当選させたことでも知られています。ところが生政連は八〇年代に活動を停止してしまったんです。

島田　優生保護法改正をめぐって、自民党と決別したんですよね。生長の家は中絶に反対していたから。

小川　はい。日本会議ブームでは憲法改正だけが注目されましたが、じつは生長の家の主張のもうひとつの柱は「優生保護法改正（中絶の禁止）」でした。でも、自民党は優生保護法改正を進めなかった。ある元信者から聞いたのですが、谷口雅春は、生長の家の政治活動を振り返って「われわれは自民党に利用されただけだった」と総括していたそうです。さらにその元信者は「自民党は日本医師会と生長の家を天秤にかけて、向こうをかわいがっていた。議員たちは、赤じゅうたんを踏むと人が変わってしまい、言うことを聞かなくなる。だから、政治活動に意味があるとは到底思えなくなってきた」とも言っていました。

「創価学会へのカウンター」として政界進出

宮崎　二〇一六年には、生長の家が安倍政権への反対を表明したことも記憶に新しいですね。原発再稼働や安全保障法案に対して、はっきりノーを突き付けた。与党や候補者を支援しない姿勢も明らかにしました。

仲正　おそらくいまの統一教会の幹部たちも、本音では政治家が思い通りに動いてくれるとは思っていないでしょう。「自分たちは妙な教義を持っている団体だと思われているから、自民党に協力しておかないといつ潰されるか分からない」という不安の方が、自民党にすり寄る動機としては大きいのだと思います。

島田　教団規模が国内で、創価学会、天理教に次ぐ三番目の立正佼成会も、かつては生長の家と並び、自民党支持勢力のひとつでした。創価学会の東日本における最大のライバルでもあり、嫁姑の問題で悩むような低所得の都市民を信者として獲得し、急拡大を果たしました。パーフェクトリバティー（ＰＬ）教団や崇教真光といった五十以上の新宗教が加盟する新日本宗教団体連合会（新宗連）の中心的な団体でもあります。

宮崎　近年、立正佼成会は生長の家と同様、自民党から距離を置くようになっています。自民党支持から野党支持に転換したともききます。

島田　公明党が自民党と対抗関係にあった時代には、立正佼成会は自民党の候補者を応援していました。創価学会に強い対抗意識を持っていたからです。そのため一九九九年に自公連立が成立すると、民主党支持にシフトしました。しかし自民党との関係を完全に絶ったわけではなく、いまでも一部の自民党候補を推薦しています。

小川　立正佼成会の政界進出には、一九五〇～六〇年代の創価学会の拡大に対する危機感のもと、ほかの反創価学会系の新宗教と集結したという経緯がありました。これが新宗連です。

こうした流れをみると、戦後日本の宗教と政治の関係は、まず創価学会という特殊な団体が政界に進出し、その他の教団もカウンターとして政界に出ていくという構図があったことがわかります。新宗連は自身の政治目標があるわけではなく、アンチ創価学会でしかないんです。新興宗教の教祖はアクの強い一国一城の主が多く、他の宗教との連合組織など、基本的には無理ですから。

島田　立正佼成会も信者を減らしていますね。三十年前には公称で六百万人以上いたと言われる信者数も、いまでは二百万人台と半分以下になっています。

アテにならない公称信者数

小川　先の参院選では、立正佼成会の比例推薦候補が、現行の選挙制度になって初めて全敗しました。

先の創価学会の例といい、統一教会といい、今回の参院選は、日本の宗教と政治の関係性における大きな曲がり角になったと言えるかもしれません。

宮崎　このように見てくると、宗教団体の政治活動は全般的に弱体化している印象を受けます。実際、新宗教の教勢、つまり信者数も減少しているのでしょうか。

島田　じつは、宗教法人の信者数についての正確な調査は存在しないんです。毎年、宗教法人を管轄する文化庁宗務課が刊行している『宗教年鑑』には、各法人が申告した信者数が掲載されています。ただ、それはあくまで公称であり、実態を反映した数ではありません。ある雑誌が宗教特集を掲載した際にまとめた公称データを見ても、国内信者数の最も多い新宗教は創価学会で、八百二十七万世帯。次に幸福の科学が千百万人、三番目に立正佼成会が約二百七十万人で続き、さきほど名前が挙がった生長の家は四十九万人です。

宮崎　全部足すと、日本の全人口を超える（笑）。

島田　その通り。新宗教の信者数については、なかなか信頼に値する数字が出てこない。

小川　公称の数字はまったく当てになりません。まず、宗教団体が公称する数字には脱会者がカウントされていないんです。たとえば、創価学会が信者の家に配る掛け軸のような「御本尊」があるのですが、これを渡された時点で信者にカウントされてしまう。当然、脱会して捨てた人もいるでしょうし、昔は無理やり押し付けられて仕方なくもらったケースもあったようですが、そういう数字は除外されない。その結果、八百万世帯という膨大な数字になっているわけです。

島田　その「御本尊」、うちにもありますよ（笑）。

小川　幸福の科学は、教団の経典の発行部数から信者数を割り出していると言われている。生長の家でも同じような構図があります。私が取材した信者三世によれば、本人はまったく信仰していないのに、地方に住む祖母が生長の家の熱心な信者で、親戚一同を信者として本部に報告していたという。会費も月に数百円ぐらいなので、祖母一人で負担しても大した金額にはならない。つまり、本部が信者数を盛っているとは限らなくて、本部ですら正確な信者数を把握できていないわけです。このように、新宗教の規模に関してはほとんどの場合、実態以上に膨れ上がった数字が出てきます。

島田　さきほどのデータとは別に、大阪商業大学が二十二年にわたって続けている調査結果も用意してきました。対象者は四万二千三百七十三人で、統計学的に正確とは言い難いものの、第三者による調査という意味では貴重なデータです。これによると、創価学会の信者数が約二百十七万人、二番目に多いのは天理教で約三十八万人、次が立正佼成会の約二十万人。公称では一千万を超えていた幸福の科学はたった三万八千人と、いずれの団体も公称の信者数と比べてあまりにも落差が大きい。小川さんが指摘されたように、自分で信仰の自覚がある信者は相当に少ないことが分かります。

宮崎　幸福の科学にしても、仮に一千万人を超える信者数があれば、幸福実現党から少なくとも一人や二人の国会議員は送り出せているはずですね。

元気なのは「政治と距離を置いた教団」

小川　今回のような大事件が起きると、世間には「宗教は怖い」とか「宗教がウラで日本を支配している」といった陰謀論が必ずといっていいほど出てきます。
しかし、冷静にその実態を分析する必要がある。宗教が、何らかのメリットを求めて政治に近づいたことは事実です。ただ、これまで宗教が政治を意のままに動かしたことがあったかというと、かなり怪しい。

仲正　たしかに、国際勝共連合の政治運動によって何か具体的な成果があったかと言われれば、ほとんど目につくものはありません。

小川　メリットは教団の箔付けぐらいのものでしょう。私は政治を志向する宗教団体がまったくの人畜無害だと言う気はありませんし、民主主義社会の中できちんと監視すべきと思います。しかし、新宗教の「怖さ」が異様にクローズアップされる傾向には、注意しなければならないと思っています。

宮崎　私は、いま統一教会問題が炙り出した構造そのものは今後も残っていくと思います。国政選挙で一万でも二万でも、候補者にとって固いベースとなる組織票はありがたいものなのです。まして地方議員にとっては垂涎の的でしょう。

島田　一方で、そうした票集めの草刈り場として利用されることを嫌がる宗教団体は出てきています。生長の家もそうですし、真如苑もそうです。

小川　面白い現象があるんです。真如苑はほとんど政治活動を行っていない一方、日本の新宗教のなかで唯一、教団規模が拡大傾向にあるのです。いまどき、宗教団体が政治に参画してもカネと手間がかかるだけで、何の得もない……真如苑の存在は、そうした事実を示唆している気がします。

島田　それは興味深いですね。「政治と宗教の蜜月」ではなく「新宗教の政治離れ」が今後のテーマになる気がしますね。

知られざる暗黒史

宮崎　まずは統一教会の歴史を概観してみましょう。統一教会は一九五四年、文鮮明という人物によって韓国で創立されました。この団体の特徴は、一般的な新宗教と異なり、極めてビジネス色、政治色が濃いという点ですが、どういう成り立ちでそうなったのでしょうか？

小川　統一教会は日本上陸前の初期段階から政治的なバックアップを受けて活動してい

た団体です。文鮮明の基本的な思想は「自分は再び世界に降臨したキリストである」というもの。これはクリスチャンの多い韓国でも「なんだそれ？」と受け止められて、世間になかなか浸透しなかったのです。

仲正　「再臨のメシアである文鮮明夫妻が、新しいアダムとエバとして地上に天国を築く、真の父母様である」という考え方ですね。信者たちは、まず研修会でこの思想を叩きこまれます。

小川　そうした思想はなかなか浸透しない。そこで、文鮮明はＫＣＩＡ（韓国中央情報部）や朴正熙大統領といった有力者に取り入り、社会に根を張っていった形跡があります。日本で政治との結びつきを重視するのも、初期の体質を引きずっているからではないかと。

島田　統一教会の政治への志向性は、宮崎さんのいうビジネス的な特徴とも繋がっていますよね。統一教会発案の代表的な事業は「日韓トンネル」。日本の佐賀県唐津市と韓国の釜山を結ぶ構想です。実現性は度外視して、とにかく大きい事業をぶちあげる。すると、利権を求める政治家がそこに群がってくるわけです。

小川　統一教会は他の新宗教と比べて、宗教と直接関係のない企業体の数が非常に多いのも特徴です。食品会社や自動車会社も持っている。おそらく、文鮮明夫妻や家族の思いつきで作られただけだと思うのですが。

仲正　そのビジネスをまた政治につなげていく。平和自動車に投資しているのは、北朝鮮とのパイプができるからでしょう。結果的には、それが自民党との関係構築で有利になった。また、統一教会がアメリカの共和党に浸透しているのは、現地に『ワシントン・タイムズ』という保守系メディアを持っていることが大きいと思います。同紙はアメリカの保守系メディアのなかでも存在感があり、取材能力にも長《た》けた記者が多い。でも、ほとんどの記者が信者である『世界日報』と違い、ワシントン・タイムズの信者の数は一割にも満たないはずです。そういう記者たちは、おそらく国務省や国防総省のスタッフなどとコネクションを持っています。先に紹介した「ワールドサミット２０２２」では、トランプ前大統領の神学顧問を務めるホワイト＝ケインという女性の牧師が出席しています。トランプからビデオレターをもらうことができたのも、彼女のルートでしょう。統一教会はＶＩＰを取り込む技術には非常に長けています。ある有名人が来たら、次は「こんな人も来たんですよ」と言って別の有名人を誘う材料にする。こんな手法を、もう三十年も四十年も続けてきているんです。

島田　そういうイベントを開催することが自己目的化しているんですね。

韓国への贖罪意識を徹底利用する

仲正　統一教会が他の保守系宗教と決定的に違うのは、「日本は韓国に対する植民地支配で大変な負債を負っている」と強調する点です。教義上は、韓国が神側のアダム国家、日本はかつてサタン側のエバ国家で、戦後、神側のエバ国家になった。韓国と血縁的に近い日本は、本来は韓国を補助するべき立場だったのに、逆に植民地化して破壊しかけた。その贖罪をしなければならない。日本の統一教会でも、「日帝」など、左翼しか使わない表現を普通に用いていましたね。

島田　資金は日本で集めるのに、日本を軽視する。だから韓国やアメリカでは大きなイベントを催すのに、日本ではほとんどやらない。昨年、安倍元首相がビデオメッセージを送ったイベントの開催地も、韓国の統一教会本部のある清平《チョンピョン》でした。日本で問題になってきた霊感商法や多額献金は、その開催資金に使われているわけです。

仲正　そうですね。毎回同じイベントを繰り返していると、さすがに信者の方も飽きてくるので、だんだんと大きくしないといけない。そうすると余計にお金も必要になる、という構造になっています。

小川　関連企業を維持するためにもかなりの資金が必要なはずです。大半は儲かっていないでしょうから。自動車会社を回していくための「パンダ献金」なるものも行われたと聞きますし、日韓トンネルでは、工費を名目にして相当な献金を集めていたようです。

仲正　多額献金や霊感商法は、基本的には日本国内でしか問題になっていません。韓国ではあまり過剰な要求がないので、宗教としての評判もそこまで悪くない。

しかも、日本の信者に対する経済的負担に関しては、すべて教義に即して都合良く解釈されてしまうため、信者たちは疑問を抱きにくい。礼拝の場などで「いま、お父様はこんな素晴らしいイベントや事業をやっておられる。これはサタンとの戦いにおいて、神側が勝利した証拠」、「みんなのお金のおかげで勝利できたのだから、苦労は無駄ではなかった」などと説明されて、納得してしまう。民族性もあるのかもしれませんが、日本人の信者は他国と比べてすごく従順です。

宮崎　ざっくり言うと、日本で集めたカネを韓国やアメリカに投資している（笑）。

仲正　それは教育に関しても同じことが言えます。統一教会は、韓国では鮮文大学校、アメリカでは統一神学校という教育機関を運営しています。ちなみに、いま日本の国際勝共連合の会長であり、同じく統一教会系団体である天宙平和連合の日本支部・ＵＰＦジャパンの議長を務める梶栗正義は鮮文大学校の出身。韓国とアメリカでは知的エリート層の教育を意識しているのですが、日本ではあまりやっていないんです。

左翼出身者が統一教会に流れ込んだ

宮崎　ところで、仲正さんはどういった経緯で入信されたのですか？

仲正　私が東大に入学した八一年四月上旬、入学式が終わった直後に「宗教と科学に関するアンケートに答えていただけますか」と声をかけられたんです。それに応じると、最後に「話を聞きたいと思いませんか」と誘われました。それで連れていかれたのが「原理研究会」のホームでした。原理研とは、統一教会が大学生向けに組織したサークルのことです。統一教会の教義とほぼ同じ「原理」を研究対象としており、メンバーの大部分は統一教会の信者でした。

宮崎　私は仲正さんと同世代ですが、当時、原理研は全盛期でしたね。私のいた慶應の教養部、日吉キャンパスでは、原理研の立て看板が目立ちました。原理研のタテカンにはどういうわけか「風の谷のナウシカ」が大きく描かれていたのをよく覚えています。

島田　私の大学時代はその十年ぐらい前だけど、その頃の原理研は左翼に比べると弱い印象でした。民青（日本民主青年同盟）が集会に乗り込んできて、原理研をボコボコにするみたいな（笑）。

仲正　私は広島出身で、入学当初は駒場寮に住んでいたのですが、いま考えるとあれは失敗でしたね。当時の駒場寮は左翼系のサークルに占拠されていましたから。

ただ、面白い現象があって、私が入信した頃の原理研の主なメンバーは左翼出身がやたら多かった。統一教会の会長だった太田洪量は民青だったし、当時の統一教会副会長だった小山田秀生は革共同系だったと聞いています。左翼の限界を感じて宗教に関心を持つようになった、ということかもしれません。

宮崎　それは興味深いなあ。

仲正　当時の私は自分に自信がなくて、社会から孤立した存在だという劣等感や不安感を持っていました。そういう人間にとって、統一教会の教義は魅力的に映るんです。「君がやっているのは、真の父母様の摂理に参加することだ」という具合に、つまらない一個人の話でも必ず大きな展開に結び付けていく。

島田　そこまで教義と信者を物語としてつなぎ合わせる宗教って、ほかにないですよ。

仲正　桜田淳子や山崎浩子が参加したことで注目された合同結婚式ですが、その一つ前の式に私は参加しました――本当に夫婦になるのはしばらく後なので、実態は婚約です。結婚に際して、信者の男女を組み合わせる「マッチング」が行われます。堕落人間である私たちは、合同結婚式に際しての教祖の祝福をもって原罪が清算されます。冒頭で「安倍元首相も堕落した人間のひとり」だと申し上げたのはそういう意味です。ただ、最終的には、私はその相手との関係が破綻したことをきっかけに、信仰への疑問を持つようになったのですが。

「お父様は金日成に騙されている」

宮崎　九一年、文鮮明は北朝鮮を電撃訪問して、金日成主席と会談を行いました。仲正さんは、この一件も統一教会から脱会する動機になったと聞きましたが。

仲正　そうです。それまで共産主義国家はサタンそのものであったはずなのに、金日成との会談を境に文鮮明は「北朝鮮が保有する核は、神の摂理に貢献している」と言い始めた。それで「あれ、おかしいな？」と。私が記者として働いていた『世界日報』も、金日成を擁護する論説を掲載するようになりました。文鮮明の一言であっという間に主張を変えたのです。

当時、『世界日報』の内部では、「お父様（文鮮明）は金日成に騙されているんじゃないか？」という話で盛り上がったほど、この方向転換は衝撃的でした。

小川　おそらく文鮮明は自分のカリスマ性を保つための新しいストーリーが欲しかったのではないでしょうか。ソ連崩壊に伴う東西冷戦の終結によって、統一教会の勝共思想は政治的な意義を失いつつあった。そのとき文鮮明の手札には、北朝鮮を利用するカードしか残っていなかったわけです。

仲正　ご指摘の通りだと思います。そもそも文鮮明は現在の北朝鮮出身で、当地で伝道活動をしていた。そのストーリーを統一教会の教義に結び付けることを、彼はずっと前から最終手段として用意していたのでしょう。実際、文鮮明は「冷戦の最後の遺物が南北分断であって、天宙統一の大きなきっかけになるのは南北朝鮮の統一だ。そして、それを成し遂げられるのは自分たちだけだ」と主張していました。現実の出来事を統一教会の教義と教祖の個人的な伝記に合体させることで、教祖を中心に世界史が進んでいるように読み替えるんです。

宮崎　さきほどご指摘の、教義と信者を繋げる物語化と同様ですね。一種のマスター・ナラティヴ（大きな物語）の形成といえる。

仲正　確かにそうです。先日、統一教会は文鮮明死去十年の節目として、ソウルで集会を行いました。そこで安倍元首相について「統一と平和のための運動に尽力された」として、追悼の時間を設けていました。普通の感覚であれば「暗殺事件で批判されている団体が、こんな時期に何をやっているんだ」と思うかもしれません。でも彼らは違う。教会内部では「真の父母様を称えるイベントが世界で報道された。メディアもわれわれの勝利を放送せざるを得なかった」などと正当化していることでしょう。彼らがその物語を信じている限り、統一教会に敗北はないのです。

創価学会の「国家主義との親和性」と「排他性」

宮崎　創価学会の特異性というのは、教団を母体とする政党を結成し、長きにわたって与党の一角を占めてきたことでしょう。公明党は、憲政史上最も成功した「宗教政党」といえるかもしれない。

小川　先に触れたように、そもそも創価学会は非常に強い政治的志向性を持ちます。それが最も先鋭的に表れているのが「広宣流布」と「国立戒壇の建立」です。

島田　創価学会は一九三〇年、日蓮正宗の信徒団体として牧口常三郎が創立した宗教団体です。その後、「広宣流布」と「国立戒壇の建立」を前面に押し出したのは第二代会長の戸田城聖の時代です。

戸田はさまざまな会社を興すと同時に相場での投機も活発に行うなど、ビジネスへのあくなき意欲を持った人物でした。拡大志向と利益に執着する体質は、創価学会に投影されていると思います。五一年には、戸田の号令のもとで「折伏《しゃくぶく》大行進」が進められました。折伏とは創価学会の布教活動のことで、このころ信者数は百万人規模に膨れ上がった。そして一九五六年の参議院選挙で三名の候補者を当選させ、国政進出を果たしました。

宮崎　そのアグレッシブな政治性は、そもそも日蓮という日本仏教史上でも特異な天才から脈々と受け継がれている印象がありますね。近現代の政教関係を考察するうえで日蓮主義者の動向を無視するわけにはいかない。

小川　民衆への布教よりも、幕府の要人や武士階級に働きかけて社会を変えようとしたのが日蓮の思想。時代が下るにつれて日蓮宗の教義は一般的な仏教に近づいていきましたが、一部には社会運動的な日蓮の思想が保存されました。田中智学、井上日召、石原莞爾といった国家主義者たちがみな日蓮主義者だったのも理解できます。

島田　創価学会には、強い排他性という特徴もあります。創価学会では、他の宗教や宗派の信仰を受け入れたり儀式に参加したりすることは、「謗法《ほうぼう》」として否定されていました。一般的な仏教用語としての謗法は仏法そのものを否定することなのですが、創価学会においては、自分たち以外の信仰はすべて誤りなのです。創価学会の会員は入会する際、ほかの宗教や宗派のお札や経典は全て焼却しなければならなかった。

宮崎　かつては強引な折伏が問題視されたこともありました。学会員が他人の家に上がりこんで勝手に仏壇を破壊し、「御本尊」を置いていくといった活動が非難を浴びたこともあった。

池田大作体制でピークに

島田　国立戒壇の建立を目指していた戸田でしたが、じつは彼自身は、実際に政党を組織して国会で国立戒壇の建立を議決しようとまでは考えていませんでした。「衆議院には進出しない」とも明言していました。

宮崎　戸田は本当のところは何を目指して政界に進出したんですか？

島田　一番大きかったのは、組織の引き締めでしょう。戸田は参院選前の講演で「選挙をやると会員たちの目の色が変わってくる。信心を強めるために利用できる」という趣旨のことを発言していました。その遺志に反して公明党を作り、衆議院議員をはじめて送り出したのがその後を継いだ池田大作です。

学会員たちが選挙や政治活動に熱心なのは、彼らのバックグラウンドも影響しています。創価学会の信者になった人々は、高度経済成長期に地方から都市へと仕事を求めて移り住んだ人々でした。大企業に就職できず、労働組合にも入れない不安定な人々も多く、そんな彼らの心の支えとなったのです。彼らは社会の理不尽さを味わう境遇にいたため、社会を見返したいという気持ちも強い。池田会長体制になった六〇年代から七〇年代初頭にかけて、創価学会の会員数はピークを迎えます。そういう状況を踏まえて、池田は政権奪取も夢ではないと考えていたんですね。

宮崎　学会員が選挙に熱心なのは今も変わらない。

小川　創価学会員は選挙になるとワッと盛り上がります。しかし、お祭り的に盛り上がるものの、はたして細かな政策まで見て盛り上がっているのかどうかは疑問です。憲法改正や新型コロナ対策の是非、税制といった問題に深い関心がある人々がどれほどの割合か。創価学会員は「選挙に関心はあるが政治には関心がない」とよく指摘されますが、私もそう感じています。

島田　そうなってしまった背景として、創価学会には教育に関する戦略が足りなかったことがあります。創価大学を設立して学会内部のエリートを育成することはできた。でも学会内では、少数の高学歴幹部と大多数を占める庶民という構図は変わっていないんです。

「言論出版妨害事件」という黒歴史

宮崎　池田会長のもとで創価学会はアグレッシブさを増していきます。一九七〇年には日本共産党の宮本顕治委員長宅への電話盗聴事件を起こし、これは最高裁で学会側が敗訴しています。

　そんな創価学会に対し、共産党や新宗連による批判キャンペーンに火がつきます。六九年、政治評論家の藤原弘達が『創価学会を斬る』を出版。池田大作を「創価学会の天皇」と呼び、公明党と創価学会の政教一致を厳しく批判しました。この本をめぐって「言論出版妨害事件」が巻き起こることになりました。

島田　同書は創価学会の政教一致を厳しく批判し、自公連立を予言したほか、池田自身が「総理大臣への展望をもった何らかの大臣になれるというときに公明党委員長として乗り込んでくるのではないか」とも予測。

一方、公明党の竹入義勝委員長は自民党の田中角栄幹事長を動かし、藤原に出版中止を求める電話を繰り返しかけさせるなどし、出版を妨害しました。これがその後、日中国交正常化で田中を助けることにつながった。

小川　同じ頃には、『これが創価学会だ』という本も出ています。創価学会の脱会者が学会を徹底批判した内容で、立正佼成会を創立した庭野日敬および新宗連の肝いりで出版されました。のちに話し合いの席で、庭野は強気にも創価学会に「新宗連に入れ」と要求したそうです。いわば降伏勧告で、当然話はこじれます。この対立にも自民党関係者が入り、残っていた十万冊近い在庫を廃棄処分させて手打ちにしたと言われています。

島田　それ以外にも、出版流通や広告に対してさまざまな妨害工作がなされたことが判明し、創価学会に対する一大批判キャンペーンが繰り広げられた。こうした批判のうねりが起きた根本的な理由は、やはり創価学会の衆議院進出にあるでしょう。権力中枢に宗教団体が手をのばしたことで、世間の危機感が一気に高まったのです。

宮崎　当時の世間の反応は、現下の統一教会に対する忌避と酷似していますね。これらの事件を受けて、公明党と創価学会は大きな方針転換を迫られることになります。

島田　池田は「国民の皆さんに多大な迷惑をおかけした」との謝罪に追い込まれた。それに加え、強引な折伏活動の停止や国立戒壇の否定、政教分離の明確化を表明しました。さらに事件の翌年、創価学会は党の綱領を改定。「王仏冥合」や「仏法民主主義」といった結党時に並んでいた宗教的な文言は、すべて削除されました。

それ以降、創価学会の幹部が公明党から出馬することもなくなりました。創価学会と公明党は人事において一定の区別がなされ、現実に政教分離はかなり進んだわけです。その反面、国立戒壇建立の目的を放棄したことで、創価学会の政治活動は意義を失ってしまった。

これを契機として、公明党の議員たちは学会員の生活の向上を目指した福祉政策の実現に邁進することになります。そうした創価学会の意向が、いまも自公連立政権下で作用しているのです。

安倍国葬と靖国問題

宮崎　フランスには「ライシテ」という非常に厳格な非宗教化の原則があり、公共空間から宗教的な要素を徹底して排除しています。また反社会的な活動を行う宗教を取り締まる「反セクト法」も二十年以上前に制定されました。こうした厳格な原則を日本社会に持ち込むことが望ましいでしょうか。

仲正　私はフランスのような政教分離を行うことには懐疑的な立場です。フランスでは二〇〇四年に公立学校でのヒジャブ着用を禁止する法律ができ、一一年には公の場でも禁止されました。結局、ライシテといってもフランス人の九割を占めるカトリックが基準になっていて、マイナー宗教いじめ的な側面があるのです。

宮崎　でもフランスでは、例えばキリスト教のクロスも禁止されていますね。

仲正　キリスト教はフランス人の日常生活に定着しているので、公共空間での制限があっても活動を続けられるのです。その点、小規模な新宗教は、目立たないと教団を維持できない。日本でも、神道は日常文化に浸透しているから表立った活動をする必要はない。しかし、新宗教は派手に活動しなければ教勢が衰退する一方になってしまう。伝統宗教と新宗教の公平性というのは、難しい問題なのです。

島田　フランスではカトリック教会の土地を国が所有するなど、伝統宗教にも国が介入していますね。

宮崎　その背景には、特権勢力だった教会権力と王権、世俗権力との間で、激しい衝突が繰り返されてきた歴史があります。教科書的にいえば、古くはフランス革命によって信教の自由が認められ、教会財産の国有化、聖職者の特権だった十分の一税の徴収、封建地代の廃止が決まりました。その後、第三共和政のもとで政教分離が確立したわけです。

小川　一方、日本の寺社勢力は敗戦まで地主としての特権を持ち続けていました。自分たちの領地を小作人に貸すことで、何もしなくてもお金が入ってきていたわけです。ところが戦後、ＧＨＱは農地改革を断行します。寺社の土地が政府に安く買いあげられ、寺社は食い扶持を失ってしまった。それ以降、いわゆる「葬式仏教」として、お葬式や法事で金を稼ぐ新しいビジネスを始めることになるわけですが。

宮崎　そう考えると、宗教団体が保守を志向する理由が何となく見えてくる。

小川　そうです。宗教団体としては、黙っていてもお金が入ってくる昔の制度のほうがありがたい。戦後日本において宗教団体が政治と接近した原因は、そこにもあるのではないかと感じています。神社仏閣は、少なくとも無意識レベルでは、かつての制度を取り戻したいと願っているのではないかと。新宗教も、日蓮系や神道系など伝統宗教から価値観を引き継いだところが多く、伝統宗教と同じ思いを持っている部分もある。彼らは、なんとかして政治から利益を引き出したい。

宮崎　政治の側としても、もともと宗教の利権に関する意識は乏しいわけですから、なかなか彼らの思惑に気付けない。この危機感の無さが、付け入る隙となって表れているのかもしれません。

靖国問題の呪縛から抜けられない日本

小川　日本の政教分離の原則を考える上で忘れてはならないのは、戦前の「国家神道」です。明治維新後、日本政府は神道を事実上の国教とし、軍国主義のもとで太平洋戦争に突き進むイデオロギー的な基礎の一部ともなりました。その反省から、戦後にＧＨＱは神道指令を発して国家神道を解体したわけです。

宮崎　ご指摘の通り、戦後日本の政教分離原則は基本的に「対国家神道」の枠組みで作られてきた。

小川　問題は、いまだに政教分離の議論において、その枠組みから抜け出せていないことです。国家神道という七十年以上前に消えた特殊な宗教を前提とするばかりで、戦後に出てきたカルト宗教への対処法なんて念頭に置かれていません。結果として、反社会的な新宗教の台頭を許してしまった部分もあるのではないでしょうか。

仲正　統一教会の場合、反共とか家族的価値観を掲げ、先祖の霊を重んじる態度を表に出すことで、神道との対立を避けながら、保守政界に浸透しました。

宮崎　国家神道との関連で浮かび上がってくるのが、靖国神社問題。

島田　そうですね。戦後日本において政教分離への関心が高まったきっかけは、一九五〇年代、日本遺族会による靖国神社国家護持の運動でした。国家に殉じた人々を英霊として祀る靖国神社は、戦後は一宗教法人となっていますが、もともとは国家神道の象徴的存在です。そこで戦没者の遺族たちは、靖国神社を国家運営に戻そうと運動を始めたんです。それに反対する人たちの強力な武器となったのが、政教分離の原則でした。六五年には、三重県の共産党市議が津地鎮祭訴訟を起こします。津市の市立体育館の地鎮祭で、市職員が進行役を務めたり、挙式費用が公金から支払われたりしたことについて、政教分離に反するとして提訴したのです。愛媛県知事が靖国神社への玉串料を公金から払ったことをめぐる愛媛玉串料訴訟も有名です。さらに、総理大臣が靖国神社を参拝してもいいのか、という議論が巻き起こった。八五年には、当時の中曾根康弘総理が初めて公式参拝を行いました。すると、中国や韓国からも猛反発を受けた。

宮崎　この靖国問題の呪縛が、いまだに日本の政教観に影を落としているわけですね。

安倍国葬と靖国問題は同根

宮崎　さて、九月二十七日に東京の日本武道館で安倍元首相の国葬が行われますが、国民の賛否が大きく分かれています。八月末には葬儀費用として約二億五千万円を予備費から支出することを閣議決定。その一方で、政府はこうした状況に配慮し、各府省や都道府県への弔意表明は求めませんでした。これについてのご見解を。

島田　私は今回の国葬はもはや葬儀ではなく「偲ぶ会」になったと思っています。普通、葬儀というのは亡くなった人を埋葬する行為を伴うものであり、その規模を大きくしたのが国葬です。吉田茂が亡くなってから国葬までの期間は十一日しかありませんでした。しかし安倍元首相の場合、亡くなってから二カ月半以上もあり、葬儀としての性格はほとんどないのです。

仲正　ある意味、統一教会による追悼と大差ないと思います。宗教って、自分の信者であろうとなかろうと、人の死に勝手に意義付けするものですし、国家もそうです。統一教会の狙いは分かりやすいのですが、岸田さんの狙いは何なのか。別に安倍さんを自民党政権の永続性の象徴にしたいわけではないでしょうに。私は新宗教の信者だったわりに葬儀にも追悼にもあまり意味を見出せない人間なので、個人的にはどうでもいいと感じています。しかし、左派の人たちが国葬に過剰な意味付けをして反対し、「国葬」をものすごく重い儀礼に仕立てているのは皮肉な現象のように思えます。

小川　じつは今回の国葬も、国家神道の問題に関わってきます。靖国神社に戦没者が祀られているように、国家神道では国に対する功労者を神社に祀る仕組みがあり、こうした神社は別格官幣社と呼ばれます。たとえば神戸の湊川神社は天皇に尽くした楠木正成を皇国史観のヒーローとして祀ろうと作られた別格官幣社です。明治時代にこうした枠組みができて、戦前の国葬も神道形式で行われていました。山縣有朋や山本五十六の葬儀もそうでした。当時は少なくとも「国として国家の功労者を弔うフォーマット」があったのです。

もっとも、私は国家神道が良かったというつもりはまったくありません。むしろ、いま言われているような形での安倍元首相の国葬にも反対の立場です。問題は、国家神道への反省だけを原動力に戦後の宗教行政が進んでしまった結果、国家神道の代替案を考えることもなく、七十年あまりの時が過ぎてしまったことなのです。

「保守の劣化」をどう乗り越えるか？

宮崎　今回の「国葬」の問題と戦後日本の政教関係が孕む問題とは直接関わらないと思

っています。けれども、それが「葬儀」である以上、何ほどか宗教性を帯びてくるのは避け難い。たとえ黙示的《インプリシット》であってもね。問われるべきはいまこの国で挙行されようとしている「国葬」がどこにも、何ものにも基礎を持たない浮遊的な弔いの儀式でしかないという点でしょう。だから、国論を二分するような政治的争点になり果ててしまった。その土台を形成し損なったところに戦後保守の敗北があると思うのです。例えば、保守は、個人主義的で厳格な政教分離を唱えるリベラルに抗して、ロバート・N・ベラーのいう市民宗教、あるいは公共宗教の成立に尽力すべきだったのに、統一教会など右派的な装いの新宗教勢力に依存することで、国民の共同性の醸成という基礎固めを怠ってきたように思う。

仲正さんはこの状況をどうご覧になりますか？

仲正　保守の政治家たちは、市民の公共意識の育成を自前でやろうとしていません。だから統一教会がピースロードのような、公共の場でのイベントをやりましょうと申し出ると、簡単にのってしまう。自民党の伝統的支持基盤が縮小し、保守的なことを語っても、ネット右翼は別として、有権者があまりついてこないので、政治家たちは自信を失っているのではないでしょうか。保守思想を広げるお手伝いをしてくれる統一教会の団体が魅力的に見えるのでしょう。教団の狙いなどあまり考えないで付き合って、どうして付き合ったのかと追及されるとあたふたする。私が『世界日報』にいた頃の自民党の議員や保守系言論人には、軍隊経験者がまだいたことや時代背景もあって、「反共のために必要だから、統一教会と関係なく『勝共』と付き合ってやっている」、「宗教の方で問題があるなら、俺が彼らを教育してやる」という感じの、あっけらかんとした態度を貫く人が結構いました。今の自民党の保守派は、過激なことを言っているようで、小心者が多そうですね。今回よく分かりました。

島田　今回の事件は、山上容疑者の意図とは全く別として、日本政治の行方を大きく変える出来事になる可能性もあります。歴代最長政権を率いた安倍元首相は、保守を象徴する存在であり、伊藤博文など多くの首相を生み出してきた長州の選挙区でもあった。その安倍元首相が亡くなったことは、今後、日本の政治から大きな勢力が消え、流動化が進むことを暗示している気がします。

投票率の向上で「政教分離」はできる

小川　ひとつ気になるのは、今回の参院選で参政党が躍進したことです。同党は宗教政党ではないものの、宗教的バックグラウンドを持つ候補が多数いました。また、維新の比例区から金子道仁というキリスト教福音派の牧師が当選しました。福音派はアメリカでトランプ政権誕生の原動力となったこともあり、要注目です。

宮崎　福音派って日本にそんなに信者いるんですか？

小川　日本国内にも三十万人ほどいると言われています。

宮崎　ほお。結構な数ですね。

小川　キリスト教信者百万人のうち三割が福音派。もはやトランプ現象は対岸の火事ではないのです。

ただ、宗教票の脅威を克服する手段はひとつあります。それは、投票率を上げること。そうすれば宗教票は薄まり、創価学会票でさえ太刀打ちできない。事実、民主党への政権交代が起きた時の投票率は六十九％で、このとき公明党は惨敗していますから。

宮崎　投票率が上がりさえすれば、相対的に宗教組織票の力は薄まっていくということですね。

（『文藝春秋』二〇二二年十月号／原題「統一教会と創価学会」）

執筆者紹介（掲載順）

石井謙一郎（いしい　けんいちろう）
1961年生まれ。フリーライター。

森　健（もり　けん）
1968年生まれ。ジャーナリスト。

鈴木エイト（すずき　えいと）
ジャーナリスト。

甚野博則（じんの　ひろのり）
1973年生まれ。ノンフィクションライター。

伊藤達美（いとう　たつみ）
1952年生まれ。政治評論家。

宮崎哲弥（みやざき　てつや）
1962年生まれ。評論家。

島田裕巳（しまだ　ひろみ）
1953年生まれ。宗教学者、作家。

仲正昌樹（なかまさ　まさき）
1963年生まれ。金沢大学法学類教授。

小川寛大（おがわ　かんだい）
1979年生まれ。『宗教問題』編集長。